SHITUZHI DUI KUAIJI ZHUANYE XUESHENG
ZHISHI ZHUANYI DE YANJIU

师徒制对会计专业学生知识转移的研究

罗妙华◎著

中山大學出版社
SUN YAT-SEN UNIVERSITY PRESS
·广州·

图书在版编目（CIP）数据

师徒制对会计专业学生知识转移的研究/罗妙华著．—广州：中山大学出版社，2021.7
ISBN 978-7-306-07248-1

Ⅰ.①师…　Ⅱ.①罗…　Ⅲ.①会计学—学徒—知识资源—转移—研究　Ⅳ.①F230

中国版本图书馆 CIP 数据核字（2021）第 127745 号

出 版 人：王天琪
策划编辑：吕肖剑
责任编辑：罗梓鸿
封面设计：林绵华
责任校对：邱紫妍
责任技编：何雅涛
出版发行：中山大学出版社
电　　话：编辑部 020-84110283，84113349，84111997，84110779，84110776
　　　　　发行部 020-84111998，84111981，84111160
地　　址：广州市新港西路 135 号
邮　　编：510275　　传　　真：020-84036565
网　　址：http：//www.zsup.com.cn　E-mail：zdcbs@mail.sysu.edu.cn
印 刷 者：广东虎彩云印刷有限公司
规　　格：787mm×1092mm　1/16　10.75 印张　160 千字
版次印次：2021 年 7 月第 1 版　　2021 年 7 月第 1 次印刷
定　　价：38.00 元

本研究获汕尾职业技术学院、深圳信息职业技术学院“师徒制对高职会计专业学生知识转移的实验研究——以汕尾职业技术学院为例”项目资助。

致　谢

本书付梓之际，我要感谢的人很多，你们的支持使这本书的出版成为可能。

我将最深的谢意献给我的两位顾问：一位是汕尾职业技术学院的校长蔡昭权教授，另一位是深圳信息职业技术学院的校长王晖教授。感谢两位学术尊长对我研究方向的认可以及对本书立意的引领。

感谢我的会计师徒制知识转移实验研究项目的全体合作伙伴，他们是：王跃德、谢钰珊、林嘉玲、林晓冰、王思荣、丁达春、丘裕、李泽华、麦永豪、赖祥溢、彭海威、江惠玲、朱桂芳、陈致远、陈诗建、王世红、宋永、吴东就、吴学秉、余丽莎、王迪、麦诗郁、许展、周宇旭、何煌、肖晓康、贺军根、赖爱清、曾婉华。感谢你们极富热情地参与本项目研究的全过程，从而使本书的实验研究项目得以顺利完成。

前言

本研究以汕尾职业技术学院会计专业毕业实习生为例，试图用师徒制的教学模式来解决高职会计专业的毕业生在校所学知识和用人单位的需求脱节问题。

本研究的研究对象是在国家加快发展职业教育背景下升格的高职院校——汕尾职业技术学院的会计专业的学生。然而，在这种背景之下培养的高职会计专业毕业生却很难在毕业后的较短时间内找到对口的会计工作。企业在毕业生当中也很难选到符合岗位要求的会计人员。笔者从事会计行业多年，结合在校教学及带学生进行财务会计实训的经验，认为师徒制是解决上述问题的最佳方法。

本研究首先采用深度访谈法，从实训基地教育模式、校企合作教育模式、师徒制教育模式3种会计教育模式中选出最优模式。然后用德尔菲法，通过两次专家打分达到意见一致，得出一个由3个一级指标、16个二级指标的会计人员能力评价指标体系表和会计人员能力评价指标体系评分量表。在此基础上对此评分量表进行信效度分析，为后面的研究打下基础。最后采用实验法进行验证。

师徒制教学实验分4个阶段。第一阶段，实验前的准备：确定实验对象。在汕尾职业技术学院应届毕业实习会计

班里随机选取一个班，用随机不重复的抽取方法抽出30名学生为实验组，另外的30名学生为对照组。第二阶段，实验的前测：检验实验组与对照组在实验前是否存在差异性，分别从会计技能、会计知识和会计综合素质3个维度进行测试。第三阶段，实验的实施。首先是实验培训，着重对实验组学生的会计核算能力和对实验对象财务管理能力进行师带徒的指导；其次是实验对象在审计部进行所得税汇算清缴专项知识的培训；最后是财务风险管理和项目投资咨询业务培训。第四阶段，实验后测：为了检验实验组与对照组的差异性，从会计技能、会计知识和会计综合素质3个维度进行测试。把实验组与对照组各指标的测后资料进行独立样本检验，对实验结果进行对比分析，讨论后得出结论。

对研究成果进行总结：①在高职会计专业学生毕业实习阶段进行师徒制教学模式；②实习分成3个阶段，侧重于对不同的会计知识进行培训；③在对学生进行显性知识转移的同时，还注重隐性知识的转移。

目　录

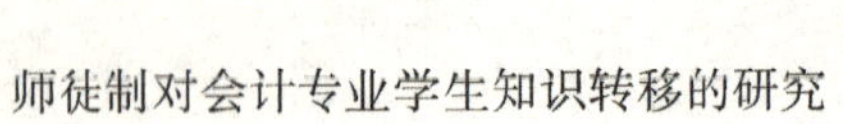

第一章 绪 论

1.1 选题背景

1.1.1 研究对象的背景

2014年，习近平总书记指出，加快发展职业教育，让每个人都有人生出彩的机会！中央要求把现代职业教育放在重要的位置上，各级党委及人民政府要大力支持和帮助发展职业技术教育，因为这是实现中国梦和“两个一百年”目标的保障。

2014年，李克强总理指出，培养有职业能力的劳动者是实现推动社会经济发展的一大动力，政府应该大力支持职业教育的发展，除了用政府购买的方式之外，鼓励社会各界参与，多种多样的职业教育形式并存。通过实训基地、校企合作、双师教育、应用型教学，以需求为上，依托企业把职业教育办好办强。各级党委和政府出台相关政策，为职业教育发展制定有效的措施。

1.1.2 问题的提出

然而，就在这种大力发展职业教育的背景之下，培养的高职会计专业毕业生在毕业之时很难找到对口的会计工作，同时，企业也很难在这些毕业生当中找到符合会计岗位要求的人员。

从表面上看，这是一种高职会计专业毕业生在校所学知识和用人单位需求脱节的问题。实质上，这是因为学校对学生的培养没跟上社会经济的发展，培养的内容也与企业的会计岗位要求不一致。学校教育重理论轻实训，部分会计实训也只停留在表面形式，跟真实的工作需求不一致。

会计是一门技术要求很高的工作。以前的会计行业都是师傅带徒弟的形式，师傅把自己的会计实践知识教给徒弟，同时也把行业规则等隐性知识传授给徒弟。但现在会计人才的培养是市场化大班制，师带徒的会计培养模式渐渐退出历史舞台。笔者在高职院校任职，因为具有高级会计师和注册税务师的身份，每年都会带学生到会计师事务所实习，以

师带徒的模式对实习生进行实习指导。每个部门会由一位资深的会计师带几个毕业生一起来完成相关的代理记账和审计等工作。在过去的二十多年里，通过师徒制的形式对会计毕业生进行知识的转移非常成功。在事务所这一特定的环境下，师傅用真账带着学生进行会计业务实操，这不但可以传授显性的会计知识，隐性的会计知识也能通过师傅的言传身教、师徒间的频繁接触互动而自然地得到传递。

这种教育方式正好弥补了学校教学的不足。经过一段时间的师带徒式的实习，学生具备了良好的账务处理能力，增强了他们从事会计行业的信心，毕业后一般都能找到对口的会计工作。

1.1.3 目前用于解决问题的主要培养模式

针对高职会计专业毕业生就业的供需矛盾，各高职院校纷纷出台并实施各种改进教学的方法，务求培养适合企业需要的会计人才。

（1）实训基地教育模式。会计模拟实训室是学生进行会计核算能力实训的练兵场。目前，许多高校都设置了会计实训室，会计实训室总体来说能满足教学的需要。按照财务部的要求布置实训室，让学生有身临其境的感觉。教材通常也使用实训资料，对企业一两个月的账务进行讲解和练习。教学流程按照企业财务部的要求，尽可能仿真。

（2）校企合作教育模式。此种学校会计专业人才培养模式，是为适应企业的需求而设定的。学校甄选出符合要求的企业进行磋商，如果双方都有合作意愿，一般会订立校企合作合同。对学生的培养通常有两种形式。第一种是建立校外实训基地，学生可以在基地进行顶岗实习，可以学到真实的会计专业知识和实际的工作经验。第二种是人才培养订单班的形式，学校会按照企业人才的需求进行校内的人才培养，然后学生的顶岗实习就在本企业完成，这样学生就能提前进企业熟悉工作和环境，对企业更有归属感。

（3）师徒制教育模式。师傅带着徒弟在单位真账实操。徒弟通过模仿，展现师傅的操作流程，将师傅的内在知识外显。

以上为我国目前用于解决高职会计毕业生在校所学知识和企业人才需求供需矛盾的三种培养模式。师徒制仅仅是其中的一种。有见及此，笔者根据多年从事会计行业的工作的经验，结合在校教学以及带学生进行财务会计实训的经验，拟用深度访谈的方法得出师徒制是解决问题的最佳教学模式的结论。为了验证这个假设，笔者把研究对象分为对照组和实验组，用实验法来验证会计专业知识能通过师徒制的培养模式有效地转移。

1.2 选题意义

1.2.1 理论意义

会计学应该与时俱进并跟随着社会经济的发展而做出相应的变化，学科要不断更新和完善知识体系。而服务于社会的经济发展需求是会计职业教育的宗旨。会计知识、会计技能和会计综合素质的养成一直贯穿于会计人员的职业生涯，这也是会计职业教育的基本内容。针对当前市场对会计人员的供需状况，师徒制是培养与企业需求对口的会计人员的良好模式，有利于师傅将实际的工作经验和知识不断内化领悟之后，更科学、更浅显地传授给徒弟，使徒弟能更好地吸收和创新。会计师徒制教学能科学地完善会计学教学体系，通过师带徒的形式完成会计显性知识和隐性知识的转移，促进高职会计毕业生的知识、技能和综合素质的培养，从而完善会计学科的理论体系，进一步促进我国会计职业教育事业的发展。

1.2.2 实践意义

笔者根据多年从事会计行业、实行师徒制教育的经验，并通过与同行、同事、专家学者的交流得出高职会计学校教育和用人单位的供需情况，并分析其原因，构建一套解决此难题的会计人员培养方法。总结其实践意义如下：

（1）师徒制能提高高职会计专业毕业生的会计实践能力，适合会计岗位需求，加强毕业生的就业能力，提高会计工作效率。

（2）师徒制有利于转变高职会计教育的人才培养方式。师徒制

能有效改变目前会计专业职业教育的方式方法，补足学校在实践教育方面的缺失，同时改变会计专业人才培养过于经济化、功利化的现况，使毕业生实习阶段就有师傅对其进行专业化的会计岗前培训。

（3）师徒制能提高高职院校的知名度，提高毕业生的职业竞争力。师傅把自身在会计行业的显性和隐性知识一并传授给徒弟，让徒弟少走很多弯路，提高徒弟的职业竞争力。

1.3 研究目的

本研究期盼通过师带徒的教学模式成功地将师傅的显性知识和隐性知识顺利转移给徒弟，达到以下几个目标：

（1）提高高职会计专业毕业生的会计技能。

（2）提高高职会计专业毕业生的会计知识。

（3）提高高职会计专业毕业生的会计综合素质。

1.4 研究的框架和方法

1.4.1 研究对象

本文的研究对象为汕尾职业技术学院会计专业的毕业生。汕尾职业技术学院是由汕尾市人民政府创办、广东省人民政府批准、教育部备案的专科层次公办普通高等院校。学院设有海洋工程系、机电工程系、信息工程系、艺术与设计系、经济管理系、外语外贸系、人文社科系和思想政治理论课教学部、公共课教学部等七系二部，学院开设42个专业。

经济管理系是学院比较重要的一个系，下设工商企业管理（财务会计方向、人力资源管理方向）、电子商务、市场营销、旅游管理、商务管理、会计专业。工商企业管理（财务会计方向）专业为广东省高职教育重点（培育）专业，建有 ERP 会计实训室、会计手工实训室、企业全面经营模拟沙盘实训室，积极探索工学结合、工学交替的人才培养模式。

会计专业是经济管理系下设的一个重要专业，目前一个年级有 4 个班，每个班学生人数为 40 ～ 60 人。本届会计专业毕业实习生分为两类，一类是 18 级三年制的专科生，一类是 19 级两年制的专科生。三年制的学生是从普通高中通过高考录取的，而两年制的学生是职业中学会计专业的学生通过“3 + 证书”的形式录取的。普通高中考生考入汕尾职业技术学院会计学专业的录取分数线为 373 分，职业中学的考生考入汕尾职业技术学院会计学专业的录取资格为“3 + 证书”并且三门总分为 110 分及以上。总体来说，学生入学时素质比较均衡。分班也是按均衡原则，把各个分数段的学生平均分到 4 个会计班当中。三年制分 6 个学期，两年制分 4 个学期，最后的一个学期为实习学期。汕尾职业技术学院没有划重点班培养，学生的各方面素质较为平均。学生一般自己寻找实习单位，有些通过学校分到校企合作的单位进行实习。

1.4.2　研究框架

本研究框架见图 1 – 1。

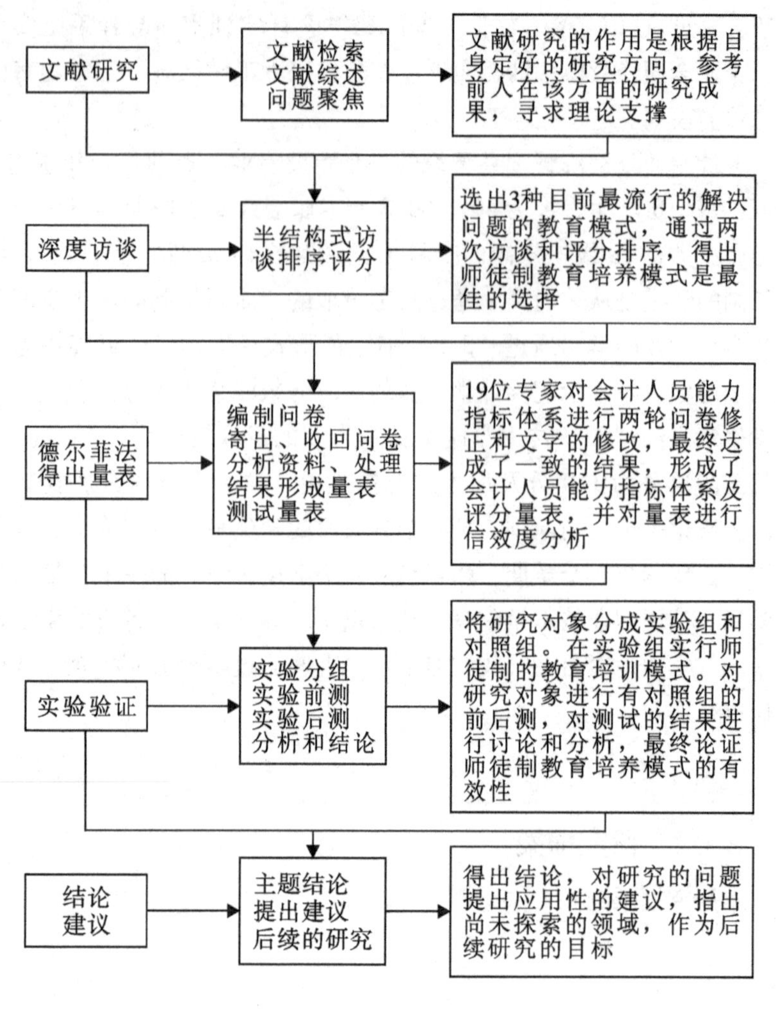

图 1－1　研究框架图

1.4.3　研究方法

（1）深度访谈法。深度访谈是社会科学研究方法的一种，通过采访者和受访者交谈的方式来收集研究资料和信息，被广泛应用于社会科学定量和质性研究中。本研究用目的性抽样方法选择 15 名会计行业相关人士作为受访者组成访谈组，然后让每一位受访者按自己的理解对这 3 种教学模式的优缺点进行陈述。发放表格让 15 位受访者对以上三种教育模式进行排序；排序完毕，大家一起讨论序位的评分标准。计算得出师徒制教育模式是解决会计专业毕业生与企业招聘人才需求的供需脱节问题的最佳培养模式。

（2）德尔菲法。德尔菲法被广泛应用于各种评价指标体系的建立和具体指标的确定。本研究采用德尔菲法，邀请19位专家对会计人员能力指标的3个一级指标和18个二级指标进行两轮问卷修正和文字修改，最终达成了一致的结果；形成了会计人员能力指标体系，共3个一级指标和16个二级指标。在此基础上建立了会计人员能力评价指标体系评分量表。对量表进行测试，为下一步的研究打下基础。

（3）实验法。在汕尾职业技术学院会计专业应届毕业实习生中，随机抽出一个班作为实验研究班级；再用随机不重复的方法把学生分成两组：实验组和对照组，每组各30人。在实验组实行师徒制的教育培训模式，对实验组进行两个月的培训。对照组实习期间学生自己找单位实习，不进行师徒制培训。再根据德尔菲法得出的会计人员能力指标体系评分量表对所有研究对象进行有对照组的前后测，对测试的结果进行讨论和分析并最终得出结论：师徒制教育培养模式对高职会计专业学生知识转移具有有效性。

1.5 研究的创新点和范围

1.5.1 创新点

本研究在高职会计专业毕业生的实习阶段用师带徒的教学模式，顺利地完成师徒之间的显性知识和隐性知识的成功转移，完善会计学教学体系。笔者检索了相关文献，例如中国知网、万方和台湾硕博论文库等，暂时没有发现师徒制在此阶段被应用于会计技能、会计知识、会计综合素质等方面进行知识转移的相关研究。

本研究通过对汕尾职业技术学院的会计专业毕业生进行分组实验，用师带徒的方式进行教学，得出实验组在两个月的顶岗实习阶段

实施师徒制教育实验控制下，学生的会计技能、会计知识、会计综合素质普遍提高。本研究对本学院乃至全国的高职院校有着一定的参考价值。

1.5.2 研究方法的创新

本研究通过文献研究和访谈法，并结合笔者多年从事会计行业工作和教学的经验，提出“高职会计专业的毕业生在校所学知识和用人单位的需求脱节”这一问题；进一步用深度访谈法对不同类型的解决方案进行比较选优，得出师徒制是高职会计专业学生的显性知识和隐性知识有效转移的最佳方法的结论。用德尔菲法得出会计人员能力指标体系评分量表。最后用实验法把学生分成实验组和对照组，对实验组通过两个月师带徒教学的干预，验证师徒制对提高高职学生会计技能、会计知识、会计综合素质的有效性。

1.6 研究计划

研究计划时间表见表1－1。

表1－1 研究计划时间表

步骤	内容	起止时间
1	定好研究方向，收集阅读相关文献	2020年6月—2020日8月
2	设计量表，深度访谈	2020年9月—2020年10月
3	设计问卷，用德尔菲法得出评分量表	2020年11月—2020年12月
4	进行师徒制教育模式实验	2021年1月—2021年3月
5	整理数据，进行对比分析形成结论和建议，撰写书稿	2021年3月—2021年4月

1.7 本章小结

本章交代了师徒制教学模式对高职会计专业毕业生在毕业实习阶段进行培训的背景。在全国大力发展职业教育的大环境下，会计专业的职业教育也得到很大发展。本研究以汕尾职业技术学院的会计专业实习生为研究对象，研究师徒制教育模式对毕业生的会计技能、会计知识、会计综合素质3个维度的能力提高的作用。希望研究成果能够促进汕尾职业技术学院会计专业学生的就业。

本章交代了研究的框架。运用深度访谈法对不同类型的解决问题的方案进行比较，得出师徒制是会计高职学生的显性知识和隐性知识有效转移的最佳方法。再用德尔菲法得出会计人员能力指标体系评分量表，并对量表进行信效度分析，为下一步研究打下基础。最后，用实验法把学生分成实验组和对照组，对实验组通过两个月师带徒教学的干预，验证师徒制对提高学生会计技能、会计知识、会计综合素质的有效性。最后得出结论，提出建议。

本章提出3个研究目的，从理论和实际两方面陈述了研究的意义，并确定了研究的范围，最后列出了研究计划时间表。

第二章 | 师徒制与会计职业教育研究现状

2.1　师徒制的定义及国内外的研究现状

2.1.1　师徒制的定义

1985 年 Kram 提出了企业师徒制（mentoring）的定义，此后，学术界陆续对企业师带徒的工作学习形式提出了各种相关概念，例如师徒制、导师制、职业导师制、指导人计划等。社会上对师傅的称谓也有很多，如导师、师傅、老师、新人辅导员等，“师傅”的英文称谓有 mentor、facilitator、coach、instructor 等。由此看来，学术界对师徒制的定义多种多样，没有形成一个统一的定义，但其意思是比较接近的。

笔者从中国的历史开始梳理师徒制在我国的定义。早在春秋战国时期的《考工记》中就有关于师徒制的记载，最著名的《师说》是唐代大文豪韩愈所著，文中指出，“巫医、乐师、百工之人不耻相师”，“道之所存，师之所存也”。因此，师徒制可定义为：师徒制是精于某种技术并年纪较长之人，将其技能及文化精粹传授给徒弟，提高其徒弟的技能素养的一种教学方式。

国外，“指导者”（mentor）一词的出现要追溯到古希腊史诗《奥德赛》（*The Odyssey*）。雅典娜化身门托耳充当奥德赛儿子忒勒马科斯的领路人、保护者和咨询顾问。“指导”（mentoring）此后成了普遍方法，由年长者教育年轻人称为指导。直到 Dalton、Levinson 等对师徒下了一个划时代的定义，其内涵延伸到同事和工作经验的交流，经验丰富的资历深者向资历经验浅的同事进行指导和深度的交流；其内容不仅仅局限于特定的技能，同时还包括职业生涯的规划和个人发展的计划咨询。所以，师傅于徒弟而言，可能是朋友、上司或同事等，而资历深者对资历浅者的高度协助与支持的学习形式和过程皆称之为师徒制。

2.1.2 国内外的研究现状

Kram（1985）在企业实行师徒制的研究当中，综合前人对师徒制的定义，划时代地提出了为现代学术界普遍认可的师徒制定义：师徒制是企业或组织中的资历较深者对资历较浅者之间实施多功能和全方位的帮助，目的是使得徒弟在企业或组织内业务或技能得到提升；师傅和徒弟从年龄关系上有所改变，可以是年长的，也可以是同辈。Kram 的定义的进步之处体现在打破年龄的局限和传授内容的局限：可以是同辈，只要在行业中资历深；内容大多为工作的经验技能，也可以是职业生涯的规划或行业的规则等。

Allen 和 Finkelstein（2003）提出，师徒制是企业高级别员工对低级别员工的技术支持，通过一对一的培训、教导等方式，让新进的员工在技能和工作经验上有所提升。

我国学术界对师徒制定义的探讨也非常热烈。在指导人计划科研中，苗青、王重鸣（2002）提出“对子”式的师徒制概念。这是一种师傅对徒弟的指导关怀，大多是一对一的形式。师傅是位高权重的有经验的行业资深者，为了组织的利益和特定的目标对新人进行一系列的职业培训，在员工入职的初期提供指导和帮助。其后又有人以社会交换过程来定义师徒制。林佳暖（2005）指出，在这种师徒制关系里，不仅仅徒弟有得益，师傅也在此互动交流中获取所需，彼此根据自身的需要互学所长，各取所需，这种关系对组织的发展有促进的作用。刘怡兰（2006）对师徒制的定义在前人之上加入了感情和人性化的成分，其定义为：在组织当中，为了达成既定的目标，资历深的员工向资历浅的员工提供协助，这种协助除了特定的技术、技能和经验外，更重要的是对职业生涯的规划、工作压力的调节、组织文化的传递、个人情感的沟通等全方位的协助与支持。张正堂（2008）对师徒制的定义则从徒弟的概念上做了更新，徒弟为资历浅者、经验不足者，或者有发展潜力者，这个都是师傅（资深者）的协助与支持的对象。

孙章丽（2010）对师徒制的概念进行了整理，其研究的时间范围从20世纪80年代到21世纪，跨度20多年，其定义的范围分成两部分：一部分是从个人的角度定义师徒制，另一部分是从组织的角度定义师徒制。个人角度的师徒制是师傅对徒弟言传身教，其方式可以为正式的教授，也可以是平时的提示、建议、规劝、指引、提供人脉资源等。形式一般是较为密切的一对一，也可以是一对多；徒弟在师傅的教授、提示、建议、劝告、指引、协助之下对行业的知识、技能、工艺水平进行掌握；抑或是对职业生涯的规划、工作经验的不断积累等，从而实现自身的成长和发展。这种发展可以是经验技术技能的提高，也可以是岗位的晋升。个人角度的定义是在组织定义的基础上，从组织的角度，师徒制是为了达到组织目标，由资历深的员工对资历浅的员工进行培训、指导和协助的一系列过程。师徒制首先促进了徒弟个人的提升，从而达到组织内部目标，最终会促使组织全方位的提升。

由此看来，国内学术界从多种关系、多种形式来定义师徒制，基本确定师徒制中的师傅是组织中资历深者或职务高者，或者经验丰富并擅长某种技术技能者、徒弟则为资历浅者或者新员工。师徒关系，有工作上的指导关系、同盟关系、人际关系和交换关系。形式可以是一对一，也可以是一对多。可以是长辈，也可以是同辈。

本研究根据国内外对师徒制的概念进行了综合分析，笔者认为，师徒制的定义在国内外的发展和定义的内容方面基本趋同。下面笔者就对师徒制的概念进行分析（见表2－1）。

表2－1 师徒制定义分析

	概念	解释
总体称谓	组织培训制度	对新进员工或技术水平较低者进行有目的的系统训练，通常由组织中技艺深者提供培训、教授或协助等，以提高新进者的技艺水平，并一同实现共同目标。这种方法在员工培训中应用最为普遍

（续上表）

	概念	解释
基本称谓	师徒制	师徒制是师傅对徒弟进行技术和经验的传授方式，师傅可以是长辈也可以是同辈，旨在提高徒弟的技术技能水平
具体称谓	师徒制、结对子、领导与下属培训制、长辈的指导关系、同辈的指导组、一对一的师徒制、一对多的传授关系、同事的协助关系	师徒制在现实工作当中有组织或企业之类的任命，有目标、定计划的指导和培训。但更多是一种师徒之间传授技能和经验的自发关系。主要达到徒弟提高技术技能的目的，而其指导、教育和协助关系都可以认为是师徒制

学术界对师徒制的定义各不相同，多种多样。不难看出，现代师徒制的雏形是应企业组织的要求而诞生的一种培训制度，企业根据自身对员工技能的需求，结合自身的文化和资源，对需要改造的员工进行一系列的指导和培训；其中师傅充当导师或指导者，用这种指导关系来提高员工的技术技能水平以实现企业的目标；同时，受训的员工能够提高技能并可以获得晋升的机会。当然，在这种互换关系里，师傅（组织中的资深者）也会得到相应的回报，如计划中的奖励、指导过程中知识技能的进一步升华和提高、其团队目标的实现等。师徒制除了技术技能和经验的传授，还应包括情感方面的投入，例如职业生涯的规划、人脉资源的提供、隐性知识的传授、心理健康的指导等。所以，对于师徒制的概念，笔者比较认同以 Kram 的经典定义为基础发展而来的解释。师徒制是组织（企业）中师傅（资深者）和徒弟（资浅者）建立的一种工作指导关系：可以是长辈对后辈，也可以是同辈同事之间的一种协助的关系。师傅对徒弟进行指导协助，使徒弟掌握某种技术技能和经验并以此拥有晋升的机会，同时也能实现企业的培训目标而建立的一种亲密的社会互换关系。

2.1.3　企业师徒制的功能

基于以上对于师徒制定义的探讨可得出，师傅对于徒弟而言，并非局限于从前的工艺技术传授。现代师徒制更人性化，更注重情感的交流，更注重职业生涯的策划和心理的支持，导师会通过多年的行业技术心得和行业的资源人脉等给予徒弟协助与支持，让徒弟站在更高的起点，从而更容易达到目标和更快获得晋升。关于此方面的研究，Kram（1985）在进行专家深度访谈后提出了师徒制具有以下两大功能：其一是职业生涯功能（career-related function），其二是社会心理功能（psychosocial function）。职业生涯功能包含了教导、协助、给予发展机会和保护等。此方面传授更多的是技术技能和行业经验。其中，师傅给予徒弟发展的机会，在职业生涯的发展历程里对徒弟来说是一个全新的、具有挑战性的行业内发展机会。至于社会心理功能包含师傅的表率作用、职业生涯的规划、细心教导与聆听、人际关系的协调和帮助。此后，学术界对此也有相应的研究，Scandura（1992）使用因子分析法，针对社会心理功能的表率功能（role-modeling）进行单独研究，且重新将职业生涯功能命名为职业功能（vocational function），将社会心理功能重命名为社会支持功能（social support function）。内涵方面已有相似之处，职业功能的目的是让徒弟在职业技能上有所提高，从而达到职位晋升；使用的方法则为提出职业生涯的指导计划，对徒弟的技术技能进行指导、协助或教育。师傅将从事行业多年的心得体会、行业的经验传授徒弟；甚至为徒弟设定目标，激发徒弟职业发展的内在潜力。而社会支持功能的目的是从心理方面的协助与调整，让徒弟身心获得更全面的发展；如关爱、沟通、接纳、赞同、友爱、聆听、分析等。导师提供咨询、接纳、认可、友谊等，主要是树立徒弟的行业自信心和学会与人相处之道。师傅是行业中的翘楚，对徒弟来说有表率作用，徒弟在工作或人际处事中会效仿师傅的做法，对其职业的发展有利。

2.2 会计职业教育的国内外研究现状

2.2.1 国外研究综述

1. 美国会计职业教育研究综述

美国会计职业教育发展得比较好的原因之一，在于其注册会计师协会及大会计师公司对会计人才的职业需求和会计职业教育有着前瞻性的指引。美国注册会计师协会（American Institute of Certified Public Accountants，AICPA）于1967年发布了《职业知识报告》，报告明文规定了“职业知识”包含的内容，在美国，所有的会计课程必须按规定来开设，这给全国的会计职业教育起了纲领性的作用。仅仅发布规定还远远不够，他们还坚持检查和监督双管齐下，来选拔合格的会计人才。1968年3月公布的《从事会计职业的学业准备》规定了各种会计职业知识应修满的课时，还提供了参考示范性的课程时间表。

除了以上措施，1976年，Beamer委员会依然很关注当年发布的报告是否实施有效，因此又委任AICPA的Wayne J. Albers为首组织领导委员会，对1967年和1968年发布的相关规定进行详尽的评估及修改。1978年，发布《进入会计职业的教育要求》，为会计职业教育重新提出规定。10年后，即1988年2月，AICPA再次修订《进入会计职业的教育要求》，明确将会计实习活动列入了毕业阶段的教育当中，提出会计职业教育要适应会计行业和社会经济的发展。而作为美国会计教育界的官方团体，美国会计学会（The American Accounting Association，AAA）于1986发公布了会计职业教育报告《未来会计教育：为不断扩展的职业做准备》。当中对美国会计职业教育的现状进行了深入的调查研究和评估，对未来美国的会计职业教育提出了10项有效措施。从会计的课程开设、课程的时间、课程的内容、教学的形式进行了规范，将会计人员的知识和能力重新划分，分为职业技能、一般知识和个人能力。

其后八大会计公司于1989年共同出资，成立了会计教育改革委员会（Accounting Education Change Commission，AECC），该机构专门从事会计教育的改革和评估监督，并且对各高校进行资助，推动会计职业教育改革。由上文可见，美国对会计职业教育非常重视，有章可循，有法可依，事前有调查，事中有控制，事后有评价监督。目标锁定为与时俱进培养适合社会经济和会计行业发展的实用性会计人才。

2. 英国会计职业教育研究综述

英国会计职业教育的宗旨是培养与社会和经济发展相适应的毕业生。为了保证这个宗旨顺利实施，英国对各大学发布了会计职业教育的大纲。首先，各大学严格按照大纲进行会计专业教学内容及目标的设计；其次，各大学除了自觉遵守大纲的规定，保证按时按质地完成教学任务之外，还定期进行评估和监督检查，发现漏洞就及时改正。

英国会计职业教育把职业能力的培养放在首要位置。所有开设的会计课程应和会计能力相关，例如专业知识、个人能力、技术技能和职业价值观的培养等。在众多能力里，会计的社会实践能力最为重要。所有的会计课程应按会计岗位的需求来设置，对学生也按实用型社会人才培养方案来进行培养。

“三明治”课程体系的设置就体现了这种按市场需求来培养的理念。另外，会计人员实行终身职业教育的理念。会计人员必须根据市场的需求进行会计专业的继续教育，不断适应经济的发展。不论原来从事何种岗位，任何人只要想学习会计专业知识，都有受教育的权利。

2.2.2　国内研究综述

我国的会计职业教育起步得比较晚，直到20世纪90年代后期，学术界和政府部门才意识到会计教育的重要性。于是相继对会计教育进行了研究和探讨，开始认识到会计职业教育应当与时俱进，会计的培养也要适应会计岗位的需求，按市场需求不断对会计的培养目标进行修改，提高会计专业毕业生与会计岗位的适应度，多进行实践类型的培训和教育。

徐庆林（2006）认为会计的综合能力和职业价值观是各大高校教

育培养的首要目标。他提出能力本位论，主张在会计人才培养要以社会的生产和经济的发展为导向，注重学生的会计实操能力的训练，达到毕业能上岗的要求。黄莺（2008）突出“职业”两字，提出会计专业的教育除了基本的理论学习，更要注重会计职业技术技能的训练。其后，史菊林（2011）专门对高职会计专业的学生的会计教育进行了调研，提出高职会计毕业生的培养纲要是：适用性会计专业人才，即高职的会计专业学生在理论够用的前提下，多跟社会会计人员学习实操技术，多与社会接触，多到企业进行实训或接受实习教育，提高自身的专业水平和岗位的适应能力，坚持终身学习的观念。万弢（2010）从“专才”和“通才”两个方面对会计专业进行界定，并指明了会计专业学生的学习目标：既要普及通才的知识，更要注重专才的培养，这样才有竞争力。侯丽平（2007）在高职会计学生中普及会计电算化，将其作为专业必修的基础课程，对各专业知识进行系统学习，适应社会的需求，提高就业率。欧群芳（2014）对高职会计专业学生提出终身学习的职业生涯概念，希望会计专业学生根据工作岗位的需求，调整自身的学习目标，多学习、重实训、多考证，获得会计岗位职业能力。

根据以上研究，国外较早对会计职业教育按社会经济发展需求进行规范引导，各高校早在20世纪60年代按国家制定出的教学大纲制定教学目标和课程框架，紧贴会计岗位的需求进行人才培养。会计职业教育与实践会计岗位工作的关联度大。我国则于20世纪90年代末开始才有学者关注会计职业教育的发展，起步比较慢，且大多数的建议和举措都只停留在理论和探讨的阶段，没有一套完整的培养措施、大纲和课程设计指引，会计职业培养和会计岗位工作适应度低。

2.3　师徒制在会计职业教育中的现状和作用

2.3.1　建立师徒制的必要性

由于我国的经济迅猛发展，各行各业对职业人才的需求大，职业教育也随之迅速发展。在职业教育得到大力发展的同时，很多弊端不可避免地出现。最初，学校为了顺应经济发展社会的需求，大批量地招生，而在教育的过程当中，由于客观和主观因素的制约，所培养出来的毕业生，仅仅具备理论知识，严重缺乏行业的实践知识。这导致了学校的职业人才的培养和工作岗位的知识需求严重不适应。最终，毕业生很难找到对口的专业工作，浪费了国家投入的培养资源。

深究其原因，主要有三方面。其一，学校开设的课程，重理论轻实践，学校的老师也只懂书本上的理论知识，缺乏实际的工作经验。其二，学校的学习环境毕竟和实际工作相差比较大，大多数的技术型职业教育需要有仿真的工作环境和工作必备的设备工具等配合。而各行业、各专业的设备设施和工作的环境都不同，学校要开设很多专业，且要投入巨资，这对学校来说存在很大的难度。其三，现代职业技术人才的培养批量化、产品化，追求经济效益，导致学生上课时，一个老师带五六十个学生，在学校期间的教育质量没保障。毕业实习生太多，很多技术岗位找不到对应的师傅带，无法进入该行业。所以被时代遗忘了的师徒制又重新活跃起来。职业教育实际上对技术的要求很高，以前进入技术含量高的行业之前，大部分是经过师带徒的方式。

这是因为师徒制能解决以上学校职业教育中出现的种种弊端。其一，师徒制的培训克服了学校教育缺乏实践的缺点，因为师傅带徒弟在企业里从事岗位的实际工作，能让徒弟切实将理论和实践知识相结合，解决工作当中的问题。其二，师徒制教学是师傅带着徒弟在企业当中工作，企业拥有先进的设备设施，并按市场的需求不断更新设

备，徒弟从中能学到如何应用最先进的设施设备进行职业技术操作。其三，师徒制一般是一对一的教学模式，个别也可以一对多，但这一对多也是有限的，最多也只是五个，但这依然比学校的大班制条件优越得多。在一对一的师徒制里，徒弟学生的机会和资源也多。由行业中有经验的导师教育点拨，职业技术技能也提高得快。

经过发展的现代师徒制在传统的师徒制上进行了很多的改良，现代师徒制是以企业和学校的合作发展培养为依托，更关注目标导向，将徒弟培养成企业和行业需要的人才。师傅的素质也较以前有大幅度的提高，现代的师傅是理论和实际知识相结合的各行业的资深从业人员，从学历到技术都是行业内的佼佼者。现代师徒制更强调的是校企合作，而并非以前的徒弟自己拜师、师傅自己收徒的个人行为。

2.3.2 师徒制在会计职业教育中的现状和作用

会计职业要求会计人员不但要掌握深厚的会计理论基础知识，同时也要掌握实际的账务处理能力、财务分析能力等实操的职业知识。目前，会计专业学生在学校只学到一些基础的会计理论知识。由于学校各方面条件的限制，没办法让学生提高会计综合实训的操作能力。所以，目前要缩短会计毕业生和会计岗位实际工作的距离，得有一个桥梁——师傅的教导。会计的师傅是在会计行业从业时间比较长、会计专业知识和技能都比较扎实的会计从业人员。目前在我国的会计行业中也渐渐流行师徒制，他们大多都是会计师事务所里的执业会计师，因为事务所的客户比较多，会计业务范围也比较广，毕业实习生从中能接触到各行各业的账务，跟着师傅学习他们对会计实务的操作，有助于提高业务处理能力，实现会计岗位的对接。也有部分是在企业里实行师徒制的培训模式。这类型的师徒制的知识传授方式就比较专业，专注于某一个行业会计的业务处理，比如说在房地产公司实习的徒弟一般接触的都是有关房地产行业的账务处理。这对于他们以后入职该类型的企业会计岗位是非常有帮助的。目前我国会计师徒制的培养还处在发展阶段，但实践证明，其效果不容忽视，本研究将从以下几个方面对会计师徒制的作

用进行阐述。

第一，缩短会计专业学生跟会计岗位技能需求的距离。会计学生从进入大学后，对会计专业知识的学习一般只停留在书本的理论基础知识。学校的老师一般都是从学校毕业之后就到学校教学，对会计行业的很多实操知识不太了解。所以，在学校的教学当中，学生学到的会计知识很受局限。而跟师傅在企业学习，可以体会企业的实际的会计工作环境和会计的业务实操的要求。而且师傅又是行业中技术技能的资深人员，通过师带徒，可以让学生更快地掌握该会计岗位的业务，从而缩短了从学校到工作岗位的距离。经过一段时间的师徒制培养训练，学生能较快胜任该会计岗位的工作。

第二，提高会计专业学生考证的通过率。众所周知，要从事会计行业，必须有会计职称或者会计师证书等，这是入行的必要条件。学生若只是用在校学习的会计基础知识去应付考试，是远远不够的，因为考试题里有大部分是实操的知识，尤其是注册会计师考试。所以很多学生不能通过考试主要是因为欠缺实践部分知识。现在实行师徒制，徒弟可以跟师傅学到更多的实践知识，对考试非常有帮助。而师傅本身就是会计师，他们大多对于考试有着丰富的经验，还可以从这方面指导学生考证。所以，师徒制有助于提高学生考会计资格证书的通过率。

第三，师傅的楷模作用对学生的职业价值观有正面的影响。会计师徒制里的师傅是会计行业的资深人员，在该行业里有经验、有人脉、有一定的社会地位。对学生来说起到了楷模榜样的作用。师傅的职业价值观直接影响到徒弟的职业价值观。会计行业职业道德中最注重的是诚信、真实、公平、公正。师傅在日常教学当中言传身教，直接将这些隐性知识传授给徒弟。师傅在工作当中的人际沟通能力、团队合作能力等也会对徒弟产生积极的影响。会计人员处理的是企业的经济业务，涉及财税业务处理，所以会计人员的诚信是首要的职业道德。故此会计师傅的职业操守对徒弟树立正确的职业价值观有正面的影响。

2.4 师徒制的知识转移

2.4.1 知识转移理论

1. 知识的定义

知识的定义在学术界一直都有各种不同的观点。本研究对以下的观点比较认同。柏拉图把知识定义为“被确证的真实的信仰”。这个定义涉及3个关键词：被确实过的（justified）、真的（true）、被相信的（believed）。

2. 知识的分类

心理学家对知识的分类是较早和较科学的。奥苏伯尔（D. P. Au Subel）、加涅（Robert Mills Gagne）、梅耶（Richard F. Mayer）等人的研究集中在知识的分类及知识学习的心理机制上。奥苏伯尔以学习内容来划分，把知识分为符号、概念和命题，而这三类均属于客观、陈述性知识。而从学习的结果对知识进行分类的是加涅，他将知识分为言语、信息、智慧、技能、认知策略、动作技能和态度。前面的四类是按不同质的知识来划分。梅耶将知识分成语义知识、程序性知识和策略性知识三大类。根据以上的分类可以看出，陈述性知识、技能和策略都属知识范畴。

管理学对知识分类的看法是从另外的角度来划分，更注重的是知识的转移、影响知识转移的效果及其因素。学者们把知识划分为显性知识和隐性知识。波兰尼首次将人类知识划分为两类：一类是文字、图表和数学公式，这些具有描述性的知识为显性知识；另一类是我们工作生活当中被应用而不能直接由以上的方法描述的知识，与显性知识相对，被命名为隐性知识。“以行动为导向的程序性知识”是心理学家斯滕伯格（Robert J. Sternberg）对隐性知识的定义。著名的日本管理学家野中郁次郎（Ikujiro Nonaka）用很难向他人转移的高度个体化的知识，来定义隐性知识。管理学对知识的分类具有划时代的意

义，以前人们对于知识的认知只停留在显性知识上，学习时只注重显性知识的获取，而少关注日常工作和生活中内在感知的经验和技艺的奥秘。其实，此类隐性知识同样重要。有此知识分类后，人们也开始关注隐性知识的获取；由此达到两种知识的和谐协同地转移，对知识的转移更为有效。

根据以上心理学和管理学对知识的分类可知，知识不仅仅只有文字、符号、概念等客观普遍存在的陈述性的知识，技术技能、经验等主观策略性和程序性的知识也同为重要。显性知识和隐性知识同时存在，在管理学中更多地注重隐性知识的划分和研究。因为策略性和经验性的知识对组织目标的完成有着举足轻重的作用。以上对相关文献和概念分类等研究是为了更好地分析本研究的研究对象——高职会计专业学生知识的分类和应该具备的知识类型。（见表2－2）

表2－2　高职会计学生应具备的知识分类表

显性知识	隐性知识
企业系统知识、会计核算及报告、成本会计、财税软件知识、纳税管理及法律知识等	团队合作能力、沟通协调能力、解决问题能力、抗压应对能力、交流能力；客观、公正、守法、终身学习、社会责任及公益等

3. 知识转移的理论

Teece（1977）对知识转移进行了系统的研究，得出知识转移的概念。在企业的管理当中，最初是由于大型的跨国公司组织庞大，人才众多，在技术设备的应用和管理经验等方面积累了大量的知识，为了跨国企业在其他国家新开的分公司能拥有同样先进成熟的经验，而对此类知识进行转移。此后，更多的公司子母公司、集体公司等组织在其分公司或分支机构进行知识转移。这种新兴的公司行为引起管理学家的关注。以 Teece 为首的管理学家对知识转移的概念和方式方法及效果进行一系列系统的研究，并一致认为知识转移对跨国公司子或母公司之间的知识流动和资源共享有促进作用。Jeffery（2003）对知

识转移的影响因素进行专门的研究，提出3个观点。其一，成功的转移以特定时间内转移知识的数目为考核标准。其二，从知识转移的时效性进行判断，看知识转移是否及时和对经济效益的产出是否有成效。其三，从技术创新方面去评价该技术转移的有效性。按以上三点去评核知识转移是否成功，并且强调成功的知识转移中，转移方和受转移方是互动的，对双方的知识、技术和管理经验等方面都有良好的提升作用。当然，这是对于受转移方的技术知识有比较显著的促进作用，而转移过程中对于转移方的知识也有重塑和升华的作用。

对于知识转移，国内学者也有相应的研究。张军（2005）指出，知识转移实质上是一个过程，在此过程中掌握知识的特定个体或群体将其认为有用的知识公开并达到共同使用的目的。张军强调，知识转移的双方在此过程中会对原有的知识进一步强化创新并且使之增值。受转移方是知识和技术的流入方，而对于知识转移方即是知识的重温和升华。王伟和黄瑞华（2006）对知识转移效率进行研究时，特别在知识管理和知识转移之间做研究。其将知识管理定义为团体或个体对知识的开发及使用的一种活动；对知识转移的定义是团体或个体学习知识的一个互动过程。在此过程中各取所需各有得益，双方在交换的过程中得到自身想要的知识。目前在知识转移的研究中，学术界一直有分歧，其分歧在于，知识转移过程中转移方和被转移方是否双方获取所需知识，还是只有被转移方获取知识。

本研究中对师徒制知识转移的研究，更注重于师傅对徒弟的知识转移层面。将师傅定义为知识源，而徒弟为知识接受者。知识转移的过程在师徒制当中被定义为知识互换的过程。本过程中，主要是师傅将显性知识和隐性知识一并转移给徒弟。徒弟作为知识接受者，对知识进行接收并且将知识内化为自身的知识；师傅在交换的过程中将原有的内在的知识输出，在此过程中知识得到重温、升华、增值和创新，从而达到知识转移中的互换目的。

20世纪90年代初，日本的野中郁次郎教授经过多年的研究提出知识螺旋理论（the Knowledge Spiral Theory）以及“知识创造”的完整模型——SECI模型。在此之前波拉尼对此亦有研究，野中郁次郎

在前人的研究基础上提出知识转化理论，即显性知识和隐性知识互动转化理论。他同时提出了知识转化 SECI 模型，并且将其细分成 4 种模式，命名为“社会化”“外化”“整合化”和“内化”。

社会化是指将个体的隐性知识转化为另外一种个体隐性知识的过程，此过程通常是技术技能经验的分享。

外化是指将隐性知识转化为显性知识的过程，此过程通常会形成概念知识。

整合化即显性知识复杂化的整合过程，此方法是将简单的、单一的、散乱无序的显性知识转化为有规律的、更高层次的显性知识。

内化是个体将学习到的显性知识通过自己对知识的学习理解和记忆等方式转化成内在隐性知识的过程，亦称为知识吸收过程。

这 4 种模式并非单一出现，而是螺旋式渐进的，而螺旋递增或螺旋递减会使知识在显性和隐性之间不断地转化。此种循环促进个体之间的知识交流和转移，最后达到受体知识存量的增加。

不仅如此，野中郁次郎除了提出这 4 种模式，还图文并茂地说明显性知识和隐性知识在这 4 个过程中的转换关系。这就是著名的 SECI 模型（见图 2－1）。

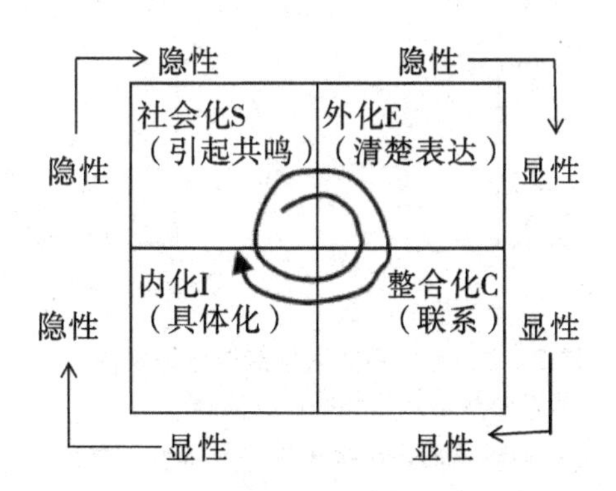

图 2－1　SECI 过程模型

（资料来源：野中郁次郎的 SECI 模型图）

社会化：个体用传授或交流的手段将隐性知识公开。

外化：将隐性知识变成显性知识的过程，即将在个体内隐蔽的知识用显性知识呈现出来。

整合化：经过前两个过程，隐性知识转化成显性知识，个体具备了多种的显性知识，有较简单的、有较复杂的，这些知识都要重新组装起来。

内化：个体将前面三步学到的知识通过自身的学习归纳整理并且理解，将从外在个体学到的显性知识转化成为自己内在的知识。

以上的四种模式呈螺旋状态上升并且从时间方来说是周期性。

2.4.2 师徒制知识转移的路径

师徒制的教学模式是，师傅将技术技能和经验传授给徒弟，徒弟大多具备理论方面的知识而实践知识较为欠缺。师徒制教学方式广泛地运用在顶岗实习的阶段中。图2－2是师徒制教学模式知识技能转移的路径。知识转移分为4个阶段，而每个阶段又包含着显性知识和隐性知识的互换。阶段名称分别为：潜移默化、外部明示、汇总组合、内部升华。在各阶段中，师徒双方都要很有默契，确保知识转移的顺利实现。

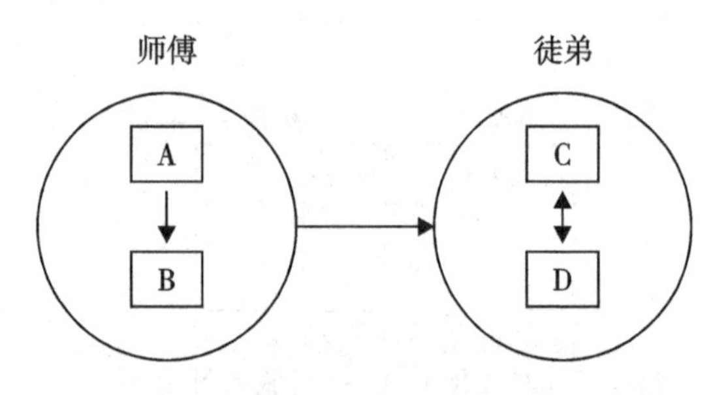

图2－2　师徒间知识技能转移的路径

（资料来源：野中郁次郎知识技能转移的路径图）

注：A指师傅的隐性知识技能，B指师傅的显性知识技能，C指学生的隐性知识技能，D指学生的显性知识技能。

（1）潜移默化（A—C）：师傅示范、徒弟观摩阶段。师徒在专业范围内，徒弟跟着师傅从事日常的业务。此阶段是开始阶段，对师傅如何处理日常业务，徒弟在学习的过程当中观察并找出自己和师傅的差距。同时师傅会让学生模仿其处理业务的技术技能和方法，发现徒弟存在的问题，并进行具体的引导。

（2）外部明示（A—B）：程序化传授阶段。此阶段师傅将自身的技术技能和行业经验进行组合编成程序并用教导、传授、指引和提示的方式传授给徒弟。徒弟系统地学习程序化的知识，不断增强自身的技术技能和实践能力。徒弟将师傅的程序化的知识精华储存起来，成为自己的潜在知识。在此阶段对师傅技能的精华学习存在各种的理解和演绎，师傅会观察徒弟的学习效果是否达到预期，对存在的问题进行指导和矫正。

（3）汇总组合（B—D、A—D、C—D）：徒弟汇总知识的阶段。徒弟对前一阶段学到的师傅的程序化整合知识，在此阶段先通过自我思考来消化知识，并将这些整合的知识进行汇总，用于实际工作当中。在实践的过程中检验自己学到的知识与师傅传授时应用的效果进行对比，反思是否全部掌握和实施的偏差，并找出存在的问题。此阶段师傅应对徒弟知识的掌握、实践的应用、工作的效果等进行系统重构查验。

（4）内部升华（D—C）：徒弟对知识的内化阶段。本阶段由师徒共同完成，徒弟通过第三阶段对知识的汇总并进行应用，师傅进行把关之后形成整体的教跟学的知识技能。在共同体内对教学效果进行吸收和消化，尤其是徒弟对该种知识进行内化升华，将师傅的经验知识转化为自身的知识储存。此阶段对师徒教学整个系统的知识技能有汇总提升的作用。

本研究中会计师徒制的知识转移的路径是根据以上的理论进行实际操作的。

第一阶段是“潜移默化”。在两个月的会计师徒制的培养期中，师傅和徒弟每天一起工作，师傅将显性和隐性知识一并传授给徒弟，徒弟在日常的学习和观察中领会师傅传授的知识。在实验中，师傅在第一个月的实验教育中带领学生对一家企业的账务进行核算。师傅带徒弟完成150笔左右的经济业务，平均每天30笔会计核算。以上是师傅传授给徒弟的显性知识，因为这些都是会计核算和财务管理的硬性专业知识，是已有的、固定的专业知识。师徒制中，师傅对于隐性知识，例如会计行业的规则、人际关系的处理、职业操守等转移通过潜移默化的方式来传授。

第二阶段是程序化传授阶段。此阶段师傅将自身会计行业的技术技能行业及经验进行组合编成程序，并用教导、传授、指引和提示的方式传授给徒弟。徒弟系统地学习程序化的知识，不断增强自身的技术技能和实践能力。

第三阶段是“汇总组合”。徒弟在日常的学习和工作当中将学到的会计账务处理相关显性知识和人际沟通、团队合作及处事经验等隐性知识进行组合化、系统化。此阶段徒弟对前两阶段的知识进行综合，将会计的知识、会计技能和会计综合价值观等进行系统化的、有条理的汇总和组合，以便在日后的学习和工作当中使用。

第四阶段是“内部升华”。徒弟将师傅传授的有关会计职业技能、职业知识和职业价值观等知识进行组合、消化，最后达到自我升华。此阶段是徒弟将师傅传授的知识转化为自身内在的知识，即知识的受体将知识顺利地转化成自身知识的一个重要步骤。师傅传授的知识经过这 4 个阶段的转移方能顺利有效地转移给徒弟。

2.5 本章小结

本章对师徒制在高职会计专业学生的知识转移中的影响进行了文献综述。首先是师徒制的概念和国内外的学者对师徒制的研究和认识。本章参考了相关学者的看法，将师徒制定义为：师徒制是组织（企业）中师傅（资深者）和徒弟（资浅者）建立的一种工作的指导关系，可以是长辈对后辈，也可以是同辈同事之间的一种协助的关系。师傅对徒弟进行指导协助，直到徒弟掌握某种技术技能和经验，以此获得晋升的机会，同时也能实现企业的培训目标，而建立的一种亲密的社会互换关系。

笔者对会计职业教育的国内外研究状况进行分析，得出结论：国

外会计就业需求与会计职业教育的关联度甚高；然而，在我国，对会计职业教育理论重于实际，会计职业岗位的需求和职业教育的关联度较低。通过文献分析可以看到，会计职业知识在校的教育和用人单位的需求存在脱节，这是在我国大力发展职业教育和社会经济发展矛盾中急需解决的问题。笔者还对会计师徒制在会计职业教育的现状和作用做出阐述。

本研究探究了何为知识，并对知识进行了分类，总结了高职会计学生应具备哪些类型的知识。同时，对知识转移的定义进行探讨，对知识转移的 SECI 的内涵及 4 种转化方式进行研究。最后得出师徒制知识转移路径的 4 个阶段：第一阶段是“潜移默化”，师傅将显性和隐性知识一并传授给徒弟；第二阶段是“外部明示”，师傅将会计的经验、技能、绝活程序化；第三阶段是“汇总组合”，徒弟在日常的学习和工作当中将学到的会计相关知识和处事经验组合化、系统化；第四阶段是“内部升华”，徒弟将师傅的知识进行组合、消化，最后达到自我升华。师傅传授的知识经过 4 个阶段的转移方能顺利有效地转移给徒弟。

第三章 研究方法及设计

3.1 研究思路

本研究的首要目的是，用师徒制的教育模式，解决高职会计教育中培养的会计专业毕业生在校所学知识与用人单位对会计人员的需求知识脱节的问题。

根据文献研究得知，在高职学生毕业顶岗实习阶段用师徒制教育模式进行教育的研究没有相同的案例，已有的研究主要是针对其他领域的教育应用师徒制教育模式进行知识转移。就笔者所能检索到的相关文献，知识转移的路径和效果在其他领域已有相关研究，高职会计专业毕业生所具备的知识、知识的分类及用师徒制进行知识转移的有效路径等方面的相关研究则未曾见。同时，用实验法来验证师徒制对高职会计专业学生的知识转移效果，更是首创。

由此，笔者设计了有效的研究方法，期盼把个案现象归纳为一般的理论和规律，将形成的理论框架进行演绎，希望能解决目前汕尾职业技术学院会计毕业生在校学的知识与用人单位需求供需脱节的问题，以供全国的高职院校参考，解决同类问题。

由于本研究的课题目前没有相关的研究，所以经深思熟虑后设计出研究的步骤和方法，具体见图 3－1。

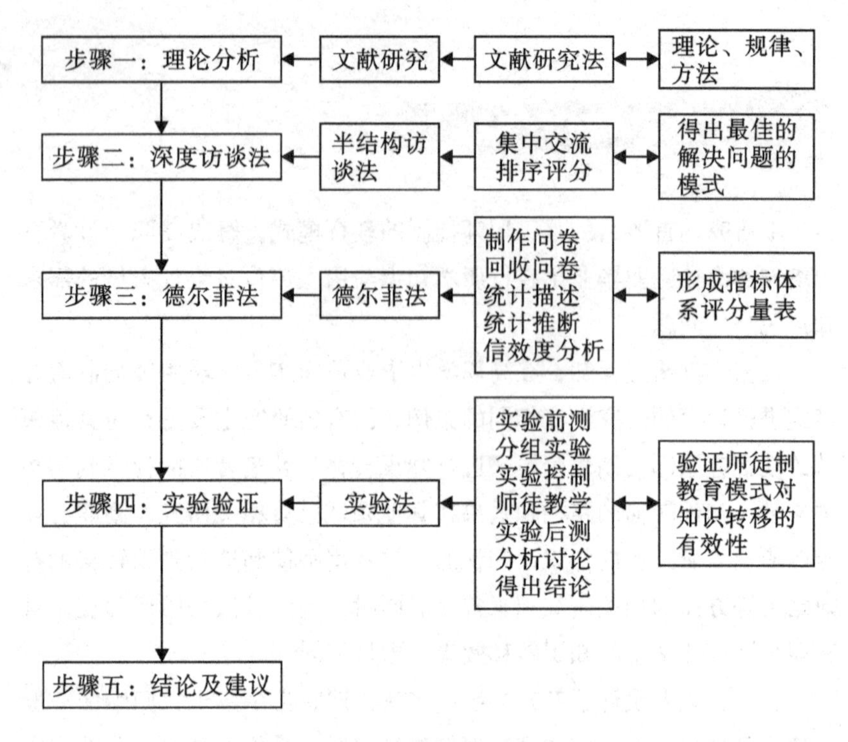

图 3－1　研究步骤及研究方法

第一步，以研究目的为导向，带着目标对前人所做的研究成果和文献进行分析，并结合本研究的研究内容、方向重点分析相关文献。本文从专著、期刊、网络和工作经验等获取相关资料。书籍的获取渠道有澳门城市大学图书馆、暨南大学图书馆、汕尾职业技术学院图书馆等。网络渠道主要是澳门城市大学网络图书馆、中国知网、万方、台湾硕博论文库、Emerald 等。工作经验是笔者从事会计行业二十余年和会计教育十余年的积累和沉淀的知识，如工作的方法、论文、研究项目和同行交流等。上述是本研究的主要基础。

第二步，确定解决问题的最佳模式。有了第一章和第二章综述的基础，在研究方向和前人研究的基础上的脉络就很清晰，要解决的问题是：高职会计毕业生在校学习的知识和用人单位的要求存在脱节。笔者先对教育界现有的几种解决问题的教育模式进行比较分析，得出最优的教育模式，这样才能有的放矢地解决问题。要在实训基地教育

模式、校企合作教育模式、师徒制教育模式3种会计教育模式中选出最优者，笔者考虑用专家访谈的方法。因为作为会计行业精英，长期从事该行业，已经积累了相当的经验和实践知识，能更好地解决选优的问题。故此，本研究设计用目的性抽样方法，选择与会计行业相关的受访者组成访谈组，人数定为15名。这些不同工作部门、不同单位的会计行业相关受访者包括财税政府部门工作人员、高校的工作人员、企业的工作人员、高职毕业生等。这些人员的岗位、职称、年龄、学历各有区别。企业的受访者来自不同的行业，学生也是不同年级的，这样尽量做到最大限度的覆盖。深度访谈采用半结构式访谈和排序评分两种方法进行，得出最佳的问题解决模式，再进行下一步的研究。

第三步，形成指标体系和评分量表。要确定师徒制教育模式对高职会计专业学生的知识转移具备有效性，必须有一个量化的评分标准来衡量，故本研究在此阶段用先德尔菲法，整理高职会计专业学生要转化成为初级会计人员所必须具备的会计知识、会计技能和会计综合素质，并建立一个完整的评价指标体系。笔者采用文献结相关资料研究，再结合笔者多年的会计工作及教育经验，并且跟个别事务所、高校的财经教师、企业资深人士以及财税部门政府机关人员访谈后，确定会计人员能力评价指标体系。其中，一级指标分别是“会计技能”“会计知识”“会计综合素质”二级指标18个，用文字对每个指标进行解释。德尔菲法第一轮问卷是由3个一级指标和附上文字解释的18个二级指标组成。在收回专家第一轮问卷和做了相关分析整理出结果后形成第二次德尔菲问卷，同时把第一轮问卷统计的结果告知每个专家，进行第二次专家评分。此环节需要将第一轮各位专家提出的增加、修改和删除指标等意见的统计结果如实告知各位专家；如该轮的一致性水平低，笔者会根据该轮问卷的修改意见重新生成下一轮问卷，并发放给专家进行再次打分，如此循环，直到一致性水平高为止。本研究按照指标的重要性对每个二级指标赋予分值，形成会计人员能力评价指标体系评分量表；并对该量表进行信效度分析，为下一步的研究奠定基础。

第四步，实验验证。师徒制教学实验拟分 4 个阶段：实验准备阶段、实验的前测阶段、实验的实施阶段、实验的后测阶段。

（1）实验前的准备。首先是确定实验对象。在 2021 届 4 个会计班里随机选取一个班作为研究对象。再从选出的 60 名学生里，用随机不重复的方法抽出 30 名学生为实验组，另外的 30 名学生为对照组。其次是确定实验场地。实验场地选取了大信会计师事务所广东分所，并确定了实验时间为 2021 年 1 月 9 日—3 月 8 日。再次是选定实验中的师傅。本次实验是在大信会计师事务所 60 名执业的会计师中进行选择。最后是制订师徒制实验教学大纲，包括与师傅的沟通、实验对象的分组和师徒的配对、测量工具的说明等。

（2）实验的前测。检验研究对象中实验组与对照组的会计素质在实验前是否存在差异性。对研究对象的会计技能、会计知识和会计综合素质 3 个维度进行测试。把实验组与对照组各指标的前测结果进行独立样本 T 检验。

（3）实验的实施。①2021 年 1 月 9 日—1 月 19 日，第一阶段的第一环节实验训练，着重点对研究对象的会计核算和财务管理能力进行师带徒的指导。2021 年 1 月 20 日—1 月 30 日为第二环节培训，是实验对象的会计核算实践阶段。②2021 年 1 月 31 日—2 月 20 日为实验的第二阶段，实验对象在审计部进行所得税汇算清缴师徒制培训。③2021 年 2 月 21 日—3 月 8 日为实验的第三阶段，对实验对象进行财务风险管理和项目投资咨询业务培训。

（4）实验后测。为了检验实验组与对照组实验后是否存在差异，对研究对象从实验后的会计技能、会计知识和会计综合素质 3 个维度进行测试。把实验组与对照组各指标的后测资料进行独立样本 T 检验，对实验结果进行对比分析讨论并得出结论。

第五步：实验总结。对研究成果进行总结，针对汕尾职业技术学院的实际情况提出建议。

3.2　深度访谈法研究

3.2.1　深度访谈法理论

孙晓娥（2012）认为，深度访谈法（in-depth interview）属于定性的研究方法，被广泛地应用于社会科学研究当中。其方法是通过和被访谈者的集中交流来对所研究的范围和主体进行探究，得出方案来解决问题。半结构式访谈法（semi-structured interview）又称深度访谈法，是访谈法里最常用的方法。这种方法是研究者根据研究题目，预先设计访谈的架构与纲要，再展开访谈。这种方法比较灵活，因为访谈者只要根据访谈大纲对受访者进行提问，对访谈的次序、访谈的重要部分等可以根据实际需求进行调整。此种方法的优点是无论对于采访者还是受访者而言，自由度都大。

深度访谈的作用是根据该领域中的专家或行业的专业人士的集中交流获得该研究领域的前沿资料。从研究者的实际出发，将访谈取得的重要资源进行分析整理和汇总，再提炼出与本研究方向一致的结论，使研究更有根据更加科学。由于方式灵活度和自由度大，深度访谈在西方的社会科学研究中被广泛地使用，所以这该种研究方法已经比较成熟，形成了自己的理论体系。深度访谈一般由以下几个环节组成：访谈抽样、进行访谈、访谈记录、访谈编码、访谈资料整理与结果分析等。

3.2.2　选择深度访谈法的原因

首先，许多质性研究都会使用深度访谈对该领域的前沿资料进行收集。访谈法按其结构可分为 3 种：结构性、半结构性和非结构性访谈。

非结构性访谈一般用于环节观察研究，使用该方法得到的访谈资料一般不作为主要的资料来源。

结构性访谈，又称标准化访谈，其最大的特点在于将预设的问题贯穿整个访谈的过程，并在访谈中使用标准程序对受访者进行提问。这种方式的优点是按采访者的要求获取更多横向的信息资料；不足之处是过于死板，如果在访谈过程中发现新的资料和信息一般都不采用。

半结构性访谈正好弥补了结构性访谈的上述缺陷。引导性是半结构访谈的一个重大特征，采访者使用引导性的问题让受访者在自然状态下阐述自己对访谈问题的相关经验和信息。半结构性的另一特征是互动性，当访谈的过程当中发现了与本研究有关的新的内容、知识、信息和线索，采访者可以深入了解，这对相关的研究更为有利。

笔者是一名高级会计师、注册税务师，同时曾经兼任大信会计师事务所广东分所的副所长，每年都会带会计专业的学生在事务所实习。由于在事务所执业的工作关系，在过去的 20 多年中，财税部门的领导和工作人员会定期来到事务所进行了解审计情况，同时也会轮流约见部分委托事务所进行审计的企业相关人员，这就形成了多次非正式的访谈。每次都会探讨为何学校培养的会计专业的学生和企业需求的会计在许多方面都不匹配，造成供需脱节的问题。结果发现，在国家大力发展职业教育的同时，会计职业教育也迅猛发展，会计专业实行大班制。会计岗位工作技术含量很高，以前会计专业毕业都会由师傅带一段时间才正式独立工作。现在由于会计职业教育都追求经济效益，通过大班制招生进行简单的理论教育。学生毕业实习时也是自己找岗位实习，师带徒的形式不复存在。这就造成了高职会计专业毕业生在校学的知识和岗位的实际需求脱节。

有了前面多次非正式访谈经验和结论的鼓励，笔者对本研究更有信心。为了更科学、更严谨，在 2020 年 9 月，笔者邀请高校、政府财税部门和企业的相关人员进行了一次正式的深度访谈，与他们一起回顾自己的工作经历。在这个过程中，笔者获取了他们对会计行业及会计教育模式的专业意见及建议。经过一天上下午的两次专家深度访谈，根据他们按照提纲对 3 种教育模式优缺点提出的见解和讨论，以及最后的排序评分，笔者最终得出客观可信的结论。

基于以上理论和实践的分析，笔者认为本研究访谈法的选取应该用半结构性的访谈。因为该方法的自由度比较大，在研究者拟定了访谈的提纲和框架后，受访者可以在更自由，更大的空间范围去探讨问题，这样得出的结论更科学可信。

3.2.3　深度访谈的设计

1. 深度访谈的伦理原则

文军和蒋逸民（2010）谈到，知情参与（formed consent）、最小伤害原则（minimum harm）、匿名保密原则（anonymity & confidentiality）为深度访谈的3个伦理原则，而这三项原则要贯穿整个访谈的过程。其中，知情参与原则是要求采访者有口头或书面告知的义务，确保受访者自愿参加。最小伤害原则要求采访者在安排访谈的纲要时，事先考虑保护受访者的身心健康，尽最大可能排除潜在的伤害。匿名保密原则要求采访者要严格将受访者对访谈的观点用于访谈研究，其他个人的资料一概保密，保护受访者的私隐。采访者在设计与安排深度访谈时一定要遵循此三项原则。

2. 深度访谈过程

深度访谈过程见图3-2。

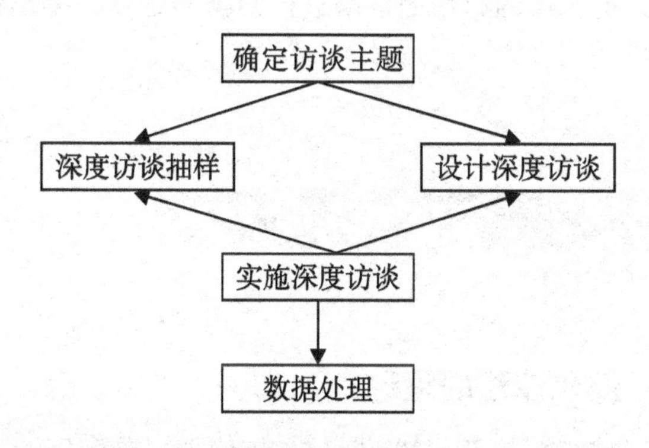

图3-2　深度访谈法研究具体过程

确定访谈主题。对于高职院校培养的会计专业学生和企业需求的会计人员在许多方面都不匹配，造成供需脱节的问题，探讨用何种教育模式解决为佳。

深度访谈抽样。文军和蒋逸民（2010）谈到，重点关注的是样本完整性与可靠性，而样本的数量为其次。因为深度访谈的样本数量一般不会很大，所以本研究使用目的性抽样的方法来进行研究，以此来确保受访者提供最大信息量的研究对象。

设计深度访谈。本研究采用半结构式访谈，访谈以最佳解决问题的教育培养模式为访谈的重要提纲，并根据以上所述的原则和要素对本次访谈架构和纲要进行设计。重点应该放在如何引导受访者对解决问题最佳教育模式的专业见解，采访者与受访者观点的互动交流。

实施深度访谈。访谈小组通过电话预约访谈的时间和地点，本次访谈分为上、下午进行两次访谈。用半结构性的访谈方法，第一场访谈先由采访主持人对访谈进行开场引导，再由受访者积极轮流发言和讨论。访谈的过程、内容和结果由专人进行录音和笔录。第二场访谈在第一场的基础上做出评分标准，并用该标准进行排序，得出结果。

数据处理。访谈者根据录音和笔录的资料，将资料转化成文本，并打印出来，把相关的有用的数据进行归类和处理，得出访谈的结果和终极数据。

3.3 德尔菲法研究

3.3.1 德尔菲法的理论

吴岱明（1987）提及，20 世纪 50 年代末，美国因对“遭受原子弹轰炸后可能出现的结果”项目进行预测而发明了一种研究方法。此方法的命名与希腊神话有关，据说太阳神阿波罗（Apollo）在德尔菲

这个地方杀死了一条巨蟒，从此为德尔菲城之主。神话里提及预测能力至高之神为阿波罗，所以位于德尔菲城的阿波罗神殿自然而然地成了预测未来的灵验圣地。德尔菲法因此得名。

1964 年，在美国刊登的《长远预测研究报告》中，兰德（RAND）公司的赫尔默（Helmer）和戈登（Gordon）首次应用德尔菲法来进行预测，从此德尔菲法一举成名，随后得到了广泛的应用。德尔菲法一般用于主观和定性方法的研究。德尔菲法很多时候用于指标体系和指标权重的设置，而社会科学研究当中的项目的研究，成果的考核评价很多时候也用德尔菲法。1999 年，在我国的一项大型的成果评价中使用了德尔菲法。此案例中，中国社会科学院请了近 200 名专家对“社科成果评估指标体系”进行了 3 轮专家打分，最终达到一致意见，得出结果。由此可见，德尔菲法在我国的社科类的研究当中也同样得到应用。

德尔菲法是项目的研究设计者为了对其研究问题进行预测而有目的性地组织专家、学者和行业内有经验的专业人士，按照自己预先编制的问卷让专家进行独立的匿名评价；根据每次结果进行整理总结，将信息和数据汇总，再发回给专家。如此循环操作，直到专业的意见达到一致为止。

3.3.2　德尔菲法及其特点

吴岱明（1987）总结了德尔菲法三大特点，并对其进行了阐述：

（1）匿名性。参加德尔菲法决策的专家们互不知晓对方是谁，在不用顾忌权威的情况下，做出自己对研究命题的专业判断，给出真实的意见。由于匿名性这一特点，专家有时候甚至会给出创新的观点和前沿的资料，这对于研究来说是非常可贵的。

（2）反馈性。各位专家从反馈问卷当中得到了该轮其他专家意见的汇总，再思考其中的观点和理由；又或者考虑新的观点是否合适，从而给出自己重新考虑和判断的专业性结果。这样使得专家们的意见更具科学性，更完善，并渐趋统一。

（3）统计性。德尔菲法具有预测性，所以采用的统计方法也是根据预测性的研究来整理和统计数据。通常结果使用概率处理，而对专家意见的评分统计则用中位数、均值、标准差和上下四分位数等。

德尔菲法最大的优点是匿名性，在过去很多的专家集体讨论表决当中，都会存在敬畏权威、盲目服从和从众的心理。这些影响因素都会影响讨论的结果。这种方法只有研究者和专家之间有交流和联系，避免了专家之间横向交流。通过研究者对各专家的专业判断，进行收集、汇总和反馈给专家，既达到了避免专家之间的相互影响，又达到了汇集专家观点的作用。此法科学地达到了研究的目的，既不相互影响又达到群策的智慧。

3.3.3　选择德尔菲法的原因

首先，如前所述，德尔菲法最大的优点是匿名性。该方法能科学地达到研究的目的，既不相互影响又达到群策的智慧。其次，对于相关文献欠缺或历史数据较少的研究，适合采用德尔菲法。目前，指标体系和量表的创立采用德尔菲法的最多。本研究的课题比较新颖，尤其目前还没有针对高职会计学生的会计技能、会计知识、会计综合素质等方面的指标体系。因为笔者要对师徒制教育培训效果进行测量，所以必须先要有一个科学的指标体系和评分标准。笔者具有高级会计师和注册税务师的身份，每年都会带学生在事务所实习，事务所里实行的是师带徒的模式对实习生进行实习的指导。本研究在确定会计人员能力指标体系时采用文献分析法，并且结合笔者多年的会计工作及教育经验，在与事务所同事、财税机关人员、企业会计资深人员以及高校的财经教师进行个别访谈之后，初步确定了会计人员能力评价指标体系。再采用德尔菲法的匿名思想交流过程，汇总了专家的共同看法，最终形成了一个科学的会计人员能力指标体系及评分量表。

3.3.4　德尔菲法的设计

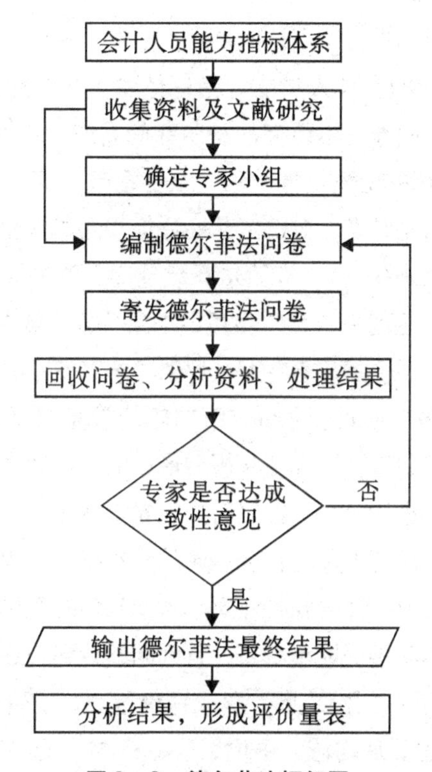

图3－3　德尔菲法框架图

（1）拟定指标体系。根据图3－3的设计思路，笔者采用文献分析法，并结合笔者多年的会计工作及教育经验，在跟事务所同事、财税机关人员、企业会计资深人员以及高校的财经教师进行个别访谈之后，初步确定会计人员能力评价指标体系。

（2）确定专家小组。本研究对专家的选定必须符合两个条件：首先是专业性，其次是代表性。专业性是指，本研究所选择的专家小组成员是在会计教学与实操方面有比较多的了解，熟悉会计职业教育。代表性是指，本研究中访谈的是能代表会计职业教育的相关高层次专家。笔者选取了广东省专家库里的会计专家19人，共分为3类：高

校会计专家、企业会计专家、政府部门会计专家。

（3）编制问卷。笔者采用文献分析法，并结合笔者多年的会计工作及教育经验，在跟事务所同事、财税机关人员、企业会计资深人员，以及高校的财经教师进行个别访谈之后，拟定了一个由 3 个一级指标和 18 个二级指标组成的会计人员能力指标体系，并以此为基础编制了德尔菲法第一轮专家问卷。本研究的德尔菲问卷统一用 Kendall 的协调系数 W 进行上述指标的检测，肯德尔一致性系数（W）表示多个评价者的序数评价之间的关联度，对德尔菲法评价相同样本尤其有用。肯德尔系数值的范围可以是 0 ～ 1。肯德尔系数越高，关联就越强。通常认为系数达到 0.7 则为达到一致性，当然，如果为 0.9 或更高是非常好的。高或显著的肯德尔系数意味着专家在评估样本时使用的标准基本相同。

（4）问卷发放、回收、分析。第二轮问卷是根据第一轮问卷的回收，对数据和信息的重新整理和分析后形成的。然后再反馈给专家，专家根据反馈的问卷进行分析，按照新的问卷重新进行打分评价并提出专业的意见和建议。研究人员将在上一轮的专家打分过程中对指标的增减和对内涵提出的修改一并告知各专家。再次收到问卷后，研究人员再进行统计，整理和修改再反馈给专家，直到问卷达到一致为止。

（5）数据处理，分析结果，形成评价量表。本研究的数据处理方法是：每项指标主要从均值、中位数、标准差、变异系数四项来判断该指标是否需要修改或者删除。均值可以直观显示专家对该指标的赞同程度。中值和以上所述的均值大致相同，用于检验各指标的集中程度，该项指标的中值越大，指标的认可度越大。标准差测量专家意见的离散程度。变异系数是标准差与平均数的比值，表示专家对该指标重要程度的波动程度。第一轮问卷调查一共发放 19 份，回收后将这 19 份问卷结果录入 SPSS21 软件。首先进行问卷的协调系数检验，如一致性检验不通过，需要继续进行下一轮问卷，直到意见达到一致，得出会计人员能力评价指标体系。专家根据评价指标重要程度给出各指标的权重并赋予分值，得出会计人员能力评价指标体系评分量表。然后研究者对量表进行信效度分析，为下一步研究奠定基础。

3.4　实验法研究

3.4.1　实验法的理论

1. 实验法的概念

我国《墨经》中的“针孔成像”以及国外典籍中记载的王冠含金量计算都是古代实验法经典。从此以后，实验法一直用于生产和研究之中，在自然科学和社会科学中都得到广泛的应用。实验法是按既定的研究假设和目的需求，人为地控制或者创设一定的条件，从而验证假设、探讨现象之间因果关系的一种科研方法。

2. 实验的三对主要成分

（1）自变量和因变量。一般来说，刺激的因素称为自变量，通过实验来观察自变量对因变量的影响。在实验模型中，实验者就是要比较出现刺激和不出现刺激所导致的效果的差异。

（2）前测和后测。通常实验中会证实自变量的影响力，所以要有前测和后测数据进行对比。首先对研究对象进行因变量接受测量（前测），然后对实验组进行自变量的刺激，最后对所有研究对象因变量再接受测量（后测）。自变量的影响力则为前后测因变量之间的差别。

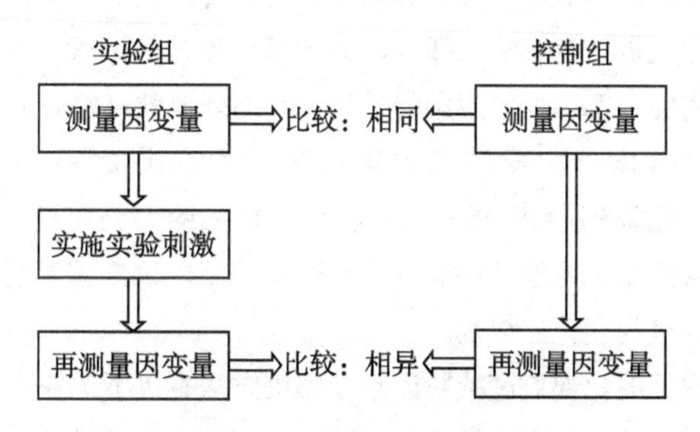

图 3－4　实验组和控制组图

［资料来源：巴比（2009）］

(3) 实验组和控制组。控制组的作用是消除实验本身的影响。在实验法当中研究人员极少只观察接受刺激的实验组 (experimental group),通常也要和未受实验刺激的控制组 (control group) 进行对比。通过采用控制组,研究者可以发现实验本身的影响。(见图 3-4)

3. 实验设计的两个基本原则

实验设计的两个基本原则即随机化 (randomization) 和复制 (replication)。实验通常都会存在误差,而遵循随机化和复制两项原则会将误差降到最低,这样的实验数据和资料汇总分析才有意义,得出的结论才可靠。随机化是实验材料 (包括被试) 在各个实验组之间的分配、被试的实验顺序等是随机产生的。在此提及的因素都是随机的,即完全随机化 (complete randomization)。而随机分配 (random assignment) 则为被试被随机分到各个实验组的过程。复制是指在相同实验环境的操作下,单独重复做类似的实验会得到相同的实验结果。复制对实验法来说非常有意义,实验者可以多次复制实验,对精确地估计样本的均值有帮助。

4. 实验的效度问题

在实验中,有些实验方式或事件会影响效度,我们把这些实验方式或事件称作效度威胁因素 (threats to validity)。我们往往按照主要直接影响的内部效度或者外部效度,将其分为内部效度威胁因素 (threats to internal validity) 和外部效度威胁因素 (threats to external validity)。比如,如果某个因素只影响一个实验组的人员,而不对其他实验组的人员产生影响,那么归为内部效度威胁因素;反之,如果对所有的实验组都产生等效影响,那么归为外部效度威胁因素。

对内部效度产生威胁的因素通常称为混淆变量 (confounding variable)。混淆变量通常指的是没有得到控制的无关变量,这些变量使测试结果产生了系统性的偏差,导致我们不能确定因变量的变化是不是由自变量的变化产生的。

比较常见的内部效度威胁因素及解决方法有以下 7 种。

(1) 被试选择偏差 (selection bias)。被试被主观意愿或者客观条件左右,进入不同的实验组,这种主动性背后隐藏的某些因素可能会

影响测试效果。对被试进行随机分配可以解决这个问题。

（2）实验者偏差（experimenter bias）。此种偏差是由于实验者本身的行为造成的。防止这种偏差的方法是不要让其知道实验的假设。

（3）成熟程度（maturation）。假设实验过程是一段很长的时间，那就要注意，因为随着实验者年龄的增长，其心理和生理都会发生变化，思想也会发生变化。这对实验结果也会有所影响。我们可以采用随机化的对实验组来解决这个问题。

（4）偶然减员（mortality）。实验中，一些被试可能会退出实验，从而影响测试结果。为了避免这种情况，我们可以在正式实验前做预测试了解被试。不过要注意这种预测试对实验内部效度的影响。随机选择在某些情况下会有一定的帮助。

（5）测试关联（testing）。若后测试（post-test）和前测试（pre-test）的相关度比较高，也就是说被试者对实验的测试比较熟悉，进而成绩会相对地提高。此种对策是设计有对照组的前后测。

（6）统计回归（statistical regression）。典型情况是研究极端组时，测试值的变化会比研究一般群体时大得多。属于极组的被试在下一次测试中很可能会向均值靠近。比如，某一次测试中分数在95分以上的群体（满分100分），再重新接受测试时有些被试的分数就非常可能向均值靠近一些。避免研究这种极端组是一种选择，否则就应该对被试进行随机分配，增加对照组。

（7）多因素作用（interaction）。两种或以上的效度威胁因素会同时起作用，我们称之为“多重因素”。比如，实验者因为知道实验目的而自己对被试进行实验分组，就属于选择偏差和实验者值差的多重因素作用。

比较常见的外部效度威胁因素和解决方法有以下4种。

（1）样本不具代表性（non-representative sample）。作为样本（sample）的被试不能代表总体（population）的情况。例如，研究电台广播对消费者的购物的影响，只研究化妆品类的研究即为不具备代表性。保证样本具有代表性是保证外部效度的基石。

（2）霍桑效应（Hawthorne effect）。当研究人员存在时，由于紧

张等原因，被试的表现会与平时不一样，这自然会影响结果的外部效度。在这样的情况下，就需要考虑如何消除霍桑效应。比方说为了让被试感觉他们是在正常的环境下做某些正常的行为，研究人员可以在被试看不到的地方观察他们。

（3）需求特性（demand characteristics）。在实验设计当中，如果实验的目的即实验的效验是什么被试验者猜到，这引导性的提示成为需求特性。因此，为了减少需求特性从而降低被试猜测出这是一个实验的假设的可能性，实验的设计要缜密。

（4）安慰剂效应（placebo effect）。虽然被试没有真的接受实验，但是也会给出有效果的反应。例如霍桑效应、需求效应、安慰剂效应等。因此，有些人把有这个特点的因素都称为“副效应”（reactivity）。所以，尽量不要让被试者知道自己在测试中，同时不要让被试者知道测试的目的。

5. 实验的组间设计、组内设计、因子设计

设计一个实验来对假设进行检验。实验的设计在很大程度上取决于假设——你假设有几个自变量以及每个自变量各在什么水平。如果该实验只有一个自变量，那么实验就是最简单的组间设计（between-subjects design）或组内设计（within-subjects design）。如果有两个或者两个以上的自变量，那么实验设计应该是因子设计（factorial design）。当然，一个因子设计既可以是组间设计，也可以是组内设计，还可以是组间组内混合的设计。

（1）组间设计。设计时应该将不同实验参与者分配到不同自变量水平的实验组中。每个人都只能参加一个实验组，这样的设计属于组间设计。在分组时用随机分配的方法来平衡抵消差异。

（2）组内设计。所谓组内设计，就是被试要参与某个自变量所有可能的情况。设计里不需进行随机分配。

（3）因子设计。以上介绍了只涉及一个自变量的最基本的组内设计和组间设计。一些比较复杂的设计常常涉及多于一个自变量的情况。我们把在一个实验中同时操纵两个成两个以上自变量的实验设计叫作“因子设计”（factorial design）。

6. 对实验结果的理解

做完了实验，搜集好了数据，我们就需要对数据加以分析。如果数据的分析结果和我们的假设不一致怎么办？是不是这就意味着我们的假设是错误的呢？先不要过早下结论，让我们来看看在什么情况下我们会得不到和假设一致的结果。当然，很有可能我们的假设是错误的。但是这并不是唯一的解释。还有一种可能性是我们的实验设计不妥当。比方说，被试没能很好地理解你的指示，或者是被试在实验后期比较疲劳，没有认真回答你的问题，等等。

此外，这个时候要思考一下："我的实验里有没有混淆变量？"

消除混淆变量的影响是保证得到可靠数据的一个非常重要的方方。所以，还应该看一看，本来应该控制不变的变量是不是得到了应有的控制？有没有其他可能的变量应得到控制，但是当时没有注意到？样本量的大小，是不是保证随机分配消除了随机差异？真正操作实验的人是不是对每个被试都公正且没有倾向性？

除了混淆变量，还要考虑实验的可操作性定义是不是有效。我们在前面提到过，在考虑变量的可操作性定义时，我们要注意选取适当的取值范围，避免产生"地板效应"和"天花板效应"。如果发现可能存在的"地板效应"和"天花板效应"有可能造成两个实验组没有区别，那就需要改进实验的可操作性定义，再重新进行实验。

3.4.2 选用实验法的原因

笔者选用实验法，是因为实验法能把实验变量带来的影响分离开来。就基本实验理念而言，这个优点是显而易见的，实验一开始，就发现被试具有某些特征，且经过实验刺激发现他们具有不同的特征。只要被试并未受到其他刺激，我们就可以认为特征的改变基于实验刺激。

本研究提出了假设师徒制教育模式是解决高职会计毕业生职业技能和用人单位需求供需脱节的问题的最佳方法之后，就要来验证它是否可行。在此次实验中，笔者只运用师徒制的培养方式来对实验组进行干预，而对照组则不加入师徒制的培养方式，期盼通过实验的后测

可以明显看出师徒制对高职会计专业学生知识转移的效果。本研究对研究对象进行了随机分组，以及实验的前测，由此证明实验前研究对象在实验前没有差异性，如实验组进行师徒制的培训之后，通过实验的后测以及相关的数据检验证明师徒制培训的有效性。同时，实验法设计灵活，费用相对比较低，可重复实验，推广也比较容易。如同所有其他的科学研究，研究结果的可重复性会让我们对其效度和概化更为确定。

3.4.3　实验法的设计

1. 明确实验目的

在高职会计毕业生的实习阶段中进行师带徒教学实验，通过实验组和对照组之间的横向比较，检验师徒制教学模式在我国高职会计毕业实习教学中的效果，以及与传统的学生自己找单位实习的效果差异，探讨师徒制在会计专业学生在实习阶段教学中知识转移的效果。

希望此实验能为我国高职会计教育实行和推广师徒制教学模式提供参考。本研究期盼师带徒的教学模式能够成功将师傅的显性知识和隐性知识顺利转移给徒弟。

2. 实验内容

依据德尔菲法制定出会计人员能力指标体系作为研究对象提高能力的标准。本次教学实验选取了高职会计学生的会计技能、会计知识、会计综合素质 3 个维度为实验内容。根据会计人员能力指标体系中 3 个一级指标，及其包含的 16 个二级指标为实验和评价的标准，在分好实验组和对照组之后进行一次实验前测；再对实验组进行为期两个月的师徒制会计实习培训，然后进行实验后测，得出实验的结果和结论。

3. 实验的对象

随机选取汕尾职业技术学院 192 会计 1 班 60 名学生为实验对象，分为实验组（采用师带徒教学模式）和对照组（学生自行寻找实习单位）两个组别，实验组人数为 30 人，对照组为 30 人。

4. 实验的控制

（1）随机选取实验班级。实验班级的选取在研究对象里用随机的方式抽取才更具科学性。

（2）实验组和对照组的划分。对照组别与实验组别非常相似，但没有接受过培训。

（3）有对照组的前、后测设计。对两个组别都有培训前的测量和培训后的测量，可以剔除那些可能由于实验中其他方面的条件发生变化而导致的变化，因此可以更明确地看出实验中培训的效果。

（4）前后测试数据的检测与对比。实验前后为了检验研究对象实验组与对照组是否存在差异性检验，对会计技能、会计知识和会计综合素质3个维度进行测试，把实验组与对照组各指标的前后测资料进行独立样本T检验。T检验（Student's t-test）此检验是用t分布理论来推论差异发生的概率，从而比较两个平均数的差异是否显著。适用于实验法对两组数据是否存在差异的检测。

5. 实验结果的对比分析讨论与结论

本实验首先拟从准备阶段对实验时间、地点、对象、师徒配对进行准备，确定实验教学大纲。其次是实验的前测、实验的分阶段执行，实验过程中师傅将会计的显性和隐性知识转移给实验组的学生。最后通过后测得出实验的结果。本实验拟对实验组与对照组各指标的前后测资料进行独立样本T检验，对有关的数据进行比较讨论得出结论。

3.5 本章小结

本章展示了本研究的框架、研究方法以及采用该种研究方法的原因。其中研究的方法的主体设计有：

（1）深度访谈的设计。本研究采用半结构式访谈，访谈以解决问题的最佳教育培养模式为关键要素标准，根据深度访谈的伦理原则和访谈对象设计，分上、下午进行两次访谈。第一次访谈由访问者做开场白，交代具体的问题后再由被访问者积极轮流发言和讨论。访谈的过程，内容和结果由专人进行录音和笔录。第二场访谈在第一场的基

础上做出评分标准，并用该标准进行排序，根据录音和笔录的资料，将信息转化成文本，把相关的有用的数据进行归类和处理，得出结果。

（2）德尔菲法的设计。笔者采用文献分析法并且结合笔者多年的会计工作及教育经验，在跟事务所同事、财税机关人员、企业会计资深人员以及高校的财经教师进行个别访谈之后，初步确定会计人员能力评价指标体系，形成第一轮问卷。第二轮问卷专家问卷的编制基于第一轮问卷的结果分析，将部分资料的分析结果告知该轮专家，让专家们根据第一轮各位专家给出的权重再次打分，直到专家们的意见达到一致。根据各二级指标的重要性给予分值，形成会计人员能力评价指标体系评分量表。再对量表进行信度和效度分析，为下一步研究打下基础。

（3）实验法的设计。笔者拟用实验法来验证师徒制能否将会计知识有效地转移给学生。实验法的设计围绕实验的准备、前测、实施和后测四方面进行。实验对象的确定，用随机不重复的方法抽取实验组，并设对照组。确定实验场地、实验时间、实验中的师傅、实验教学大纲等。对实验组和控制组进行实验的前测。实验分 4 个阶段进行，师傅在每个阶段向学生转移侧重面不同的知识，实验期为两个月。再对实验组和对照组进行实验后测，各指标值经过检验，对有关的数据进行比较讨论，得出结论。

第四章 | 资料的整理分析与讨论

4.1 访谈法

4.1.1 样本选择

文军和蒋逸民（2010）认为，对深度访谈样本的选择应遵循以下两点，首先应关注样本的全面性和可靠性，其次才是关注样本的数量。深度访谈样本的选择通常应采用目的性抽样法。本研究即采用该抽样方法，选择跟会计行业相关受访者组成访谈组，人数定为15名。选择不同工作部门、不同单位的受访者，如财税政府部门工作人员、高校的工作人员、企业的工作人员和高职会计毕业生等。而这些人员岗位、职称、年龄、学历又各有区别。企业的受访者来自不同的行业，学生也是有不同工作年限的，这样尽量做到最大限度的覆盖。

4.1.2 样本选择的依据

根据对受访者的分析，男性和女性的比例为53.3%和46.7%，说明性别基本均衡。年龄段在31～40岁和41～50岁的受访者占66.6%，受访者中作为中坚力量的青年比较多，但访谈中也兼顾年长者和在校生，所以年龄结构合理。本科和硕士研究生的比例占66.6%，这部分人员是社会的中坚力量，此部分人的观点较有代表性。高、中级职称占的百分比为79.9%，说明受访者中大多在会计行业中有资深的经验。工作年限在20年内的占79.9%，受访者有着良好的工作经验。来自高校和企业的受访者占80%，因为本研究的研究对象是将要从高校走向企业的。综上可得，受访者是跟会计行业相关，有着丰富行业经验的人员为主，性别比例均衡，工作单位类型较广，因此15位受访者具有代表性，其观点值得信赖。（受访者基本情况及其分析见表4－1、表4－2，受访者基本情况比例结构见图4－1至图4－6）

表4－1　受访者基本情况

序号	性别	年龄（岁）	职务	职称	学历	工龄（年）	单位类型
1	男	50	财经学院院长	教授	硕士	25	高校
2	女	45	财经学院会计教研组组长	副教授	博士	18	高校
3	女	30	财经学院会计骨干教师	讲师	硕士	5	高校
4	男	42	财政局会计科科长	会计师	本科	18	机关
5	男	38	税务局征收科科员	会计师	硕士	11	机关
6	女	40	财政局审计科科员	审计师	本科	15	机关
7	男	55	会计师事务所所长	注册会计师	本科	30	企业
8	女	35	会计师事务所审计一部经理	注册会计师	硕士	8	企业
9	女	37	会计师事务所税收筹划专员	注册税务师	博士	7	企业
10	男	40	公司人力资源经理	经济师	本科	18	企业
11	男	38	公司财务科经理	高级会计师	硕士	12	企业
12	女	32	公司会计	会计师	本科	10	企业
13	女	22	高职会计专业毕业生	毕业生	专科	1	企业
14	男	23	高职会计专业毕业生	毕业生	专科	2	企业
15	男	24	高职会计专业毕业生	毕业生	专科	3	企业

注：根据受访者提供的资料整理，其中用编号代替姓名。

表4-2 受访者基本情况分析表

项目	类别	频数	频率	百分比	累计百分比
性别	男	8	0.533	53.3	53.3
	女	7	0.467	46.7	100
	合计	15	1.000	100	
年龄	21～30岁	4	0.266	26.6	26.6
	31～40岁	7	0.466	46.6	73.2
	41～50岁	3	0.200	20.2	93.2
	51～60岁	1	0.06	6.00	100
	合计	15	1.000	100	
学历	博士	2	0.133	13.3	13.3
	硕士	5	0.333	33.3	46.6
	本科	5	0.333	33.3	79.9
	大专	3	0.200	20.0	100
	合计	15	1.00	100	
职称	高级	5	0.333	33.3	33.3
	中级	7	0.466	46.6	79.9
	无职称	3	0.201	20.1	100
	合计	15	1.000	100	
工作年限	1～10年	7	0.466	46.6	46.6
	11～20年	6	0.40	40.0	86.6
	21～30年	2	0.134	13.4	100
	合计	15	1.000	100	
人员单位类型	国家机关	3	0.200	20.0	20.0
	高校	3	0.200	20.0	40.0
	企业	9	0.600	60.0	100
	合计	15	1.000	100	

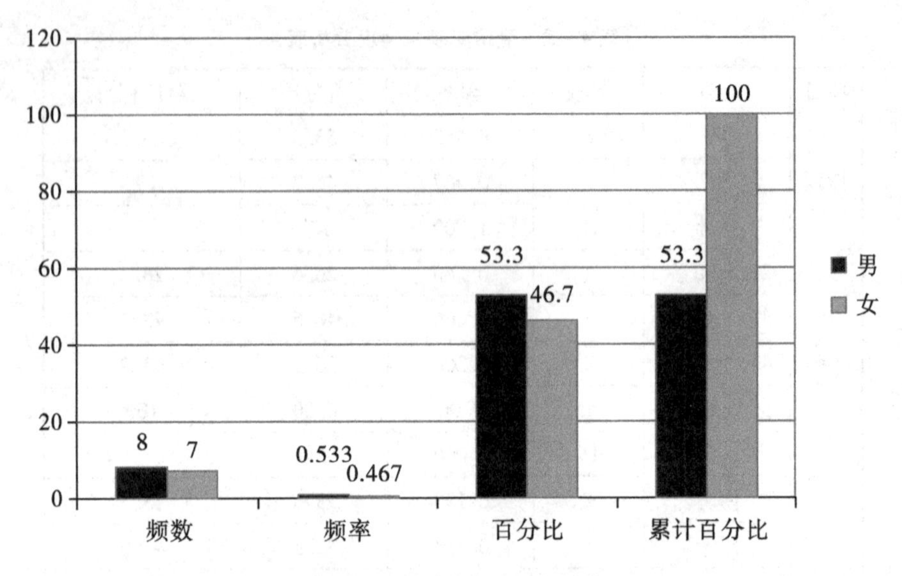

图4－1　受访者男女比例结构

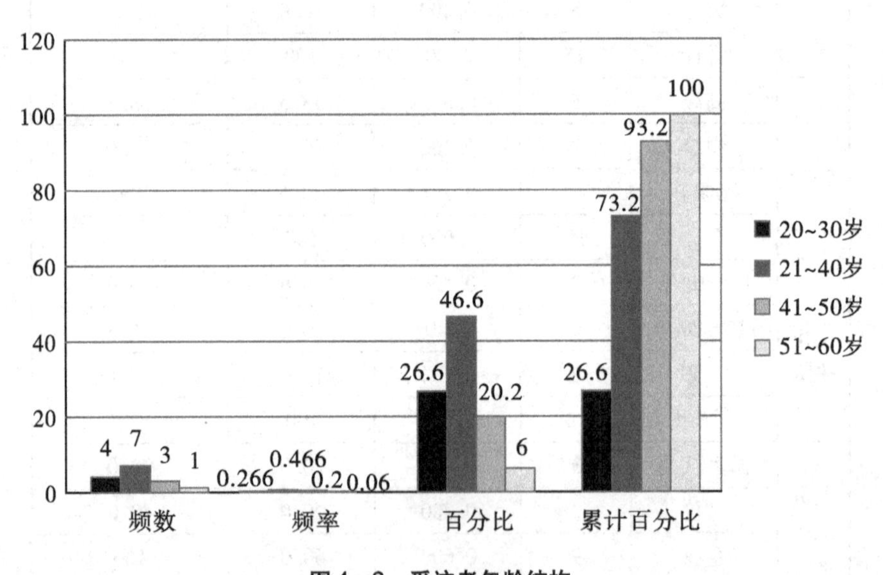

图4－2　受访者年龄结构

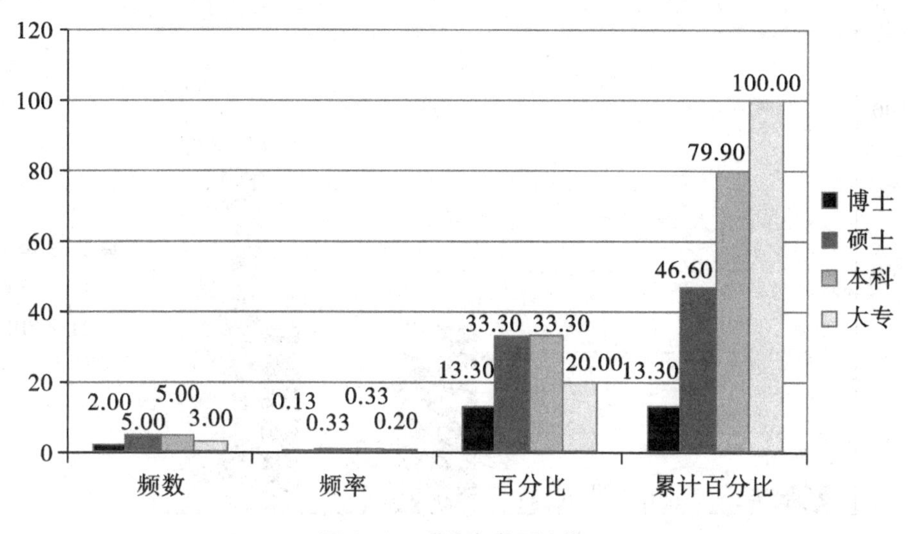

图4-3 受访者学历结构

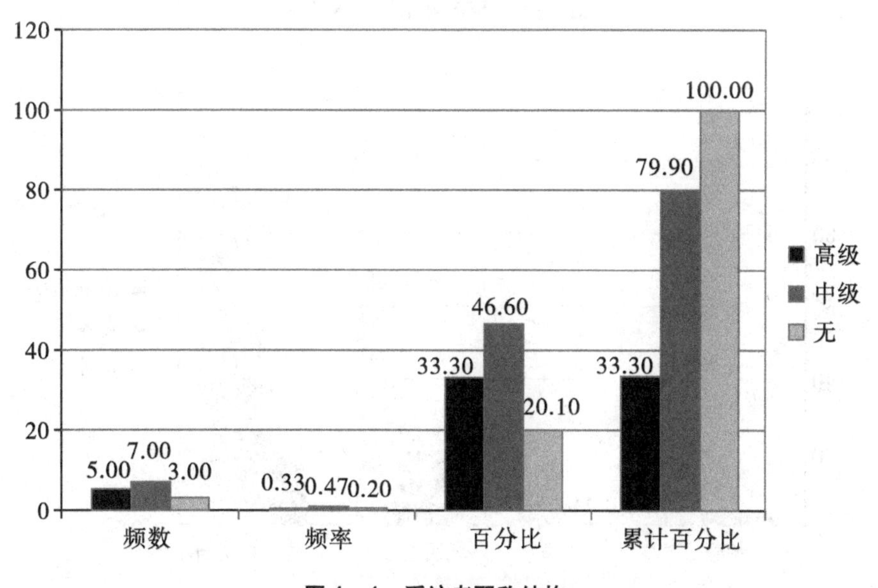

图4-4 受访者职称结构

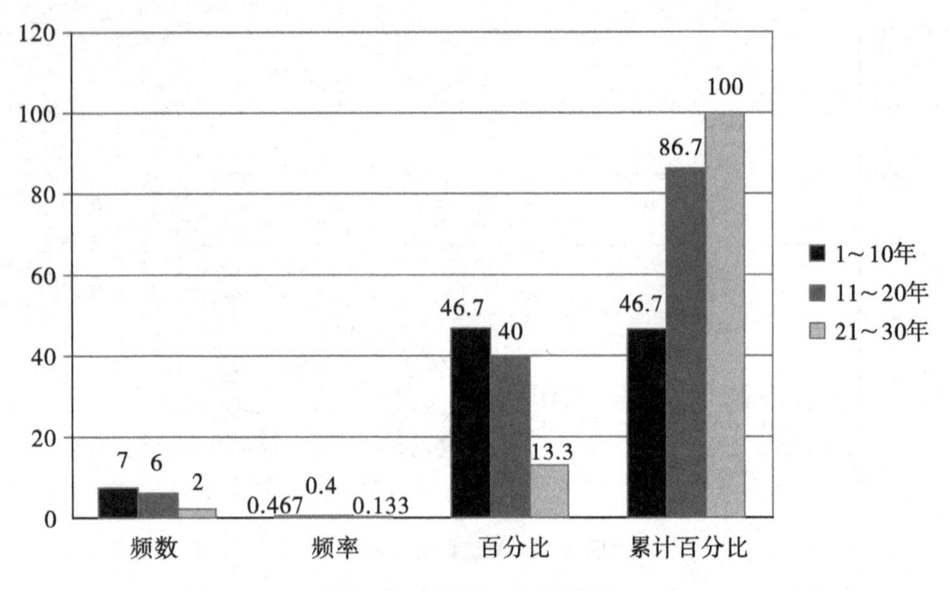

图4-5 受访者工作年限结构

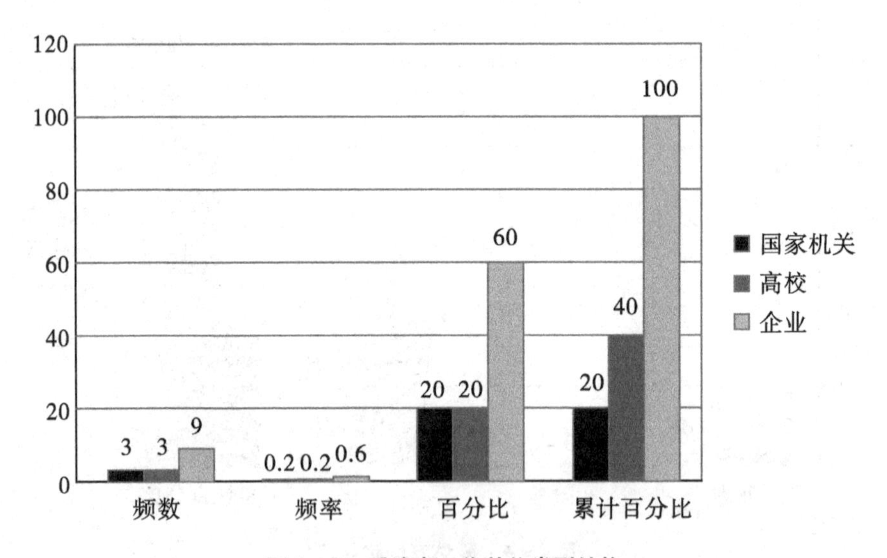

图4-6 受访者工作单位类型结构

4.1.3　深度访谈的详细方案

1. 访谈的提纲

（1）请简单介绍一下您的工作岗位与会计行业的关系。

（2）请您谈谈对实训基地、校企合作、师徒制3种会计教育模式的认识。

（3）请您根据自己的经验及理解谈谈3种教育模式的优点和缺点。

（4）请您填写以上3种教育模式的排序表。

（5）请您谈谈以上3种模式的评分的标准以及权重。

2. 访谈的内容

访谈一：15名受访者、笔者与两位访谈工作人员集中在大信会计师事务所广东分所会议室。访谈以轻松愉快的面对面集中交流方式开始。

第一个环节，笔者作为主持人说明此次访谈的目的——寻求实习期间最佳的会计培养模式，并简单介绍一下受访者的工作单位以及姓名。接下来是15位受访者简单介绍自己和会计行业相关的工作岗位。此环节用时30分钟。

第二个环节，笔者将3种教育模式呈现给各位受访者。这3种模式是笔者在报纸期刊、国家教学网络平台、个人从事会计教学经验以及各高校的资料收集当中汇总得出的，旨在解决高职会计专业毕业生在校所学知识和企业招聘会计的供需脱节的问题。然后让每一位受访者对这3种教学模式的认识、优缺点按自己的理解进行陈述。笔者和工作人员在旁记录每位受访者的资料。此环节用时1.5小时。

访谈二：笔者和工作人员发放表格让15位受访者对以上3种教育模式进行排序。排序完毕，大家一起讨论序位的评分标准。之后按照大家认同的评分标准对15份表格进行汇总，计算得出3种模式排序得分结果。

以上两次深度访谈的内容见表4－3。

表4－3　深度访谈内容

第一次访谈	第二次访谈
(1) 主持人说明了此次访谈的目的，并简单介绍一下受访者的工作单位以及姓名 (2) 15 位受访者简单介绍一下自己从事会计行业的相关岗位 (3) 主持人介绍三种热门的会计培养模式：实训基地教育模式、校企合作教育模式、师徒制教育模式 (4) 每一位受访者对这三种教学模式的认识、优缺点按自己的理解进行陈述	(1) 笔者和工作人员发放表格 (2) 请 15 位受访者对以上的三种教育模式进行排序 (3) 回收表格 (4) 参与者一起讨论序位的评分标准 (5) 按照参与者认同的序位的评分标准对 15 份表格进行汇总，计算得出三种模式排序得分结果

4.1.4　访谈结果排序

经过访谈的集体讨论，15 位受访者一致认为，在高职会计专业毕业生应具备的能力当中，以下表格中的 7 种能力较为重要。所以本次访谈排序选择这 7 种能力的提高作为 3 种教学模式的评分标准的计分项目。最后达成一致的评分标准：排序位第一位的得 3 分，排第二位得 2 分，排第三位得 1 分。根据回收的 15 份表格的排序由工作人员根据分值综合统分得出结果。评分标准和访谈结果统分表分别见表 4－4和表 4－5。

表4－4　评分标准

项目	序位一	序位二	序位三
会计核算能力的提高	0.5	0.4	0.2
会计电算化操作能力的提高	0.3	0.2	0.2
税务处理能力的提高	0.5	0.4	0.2
独立做账务能力的提高	0.5	0.3	0.1
沟通协调能力的提高	0.5	0.3	0.1
整体管理能力的提高	0.4	0.2	0.1

（续上表）

项目	序位一	序位二	序位三
环境适应能力的提高	0.3	0.2	0.1
总分	3	2	1

表4－5 访谈结果统分表

模式	序位一（分值3）	序位二（分值2）	序位三（分值1）	得分
师徒制教育模式	7	5	3	7×3＋5×2＋3×1＝34
实训基地教育模式	5	4	6	5×3＋4×2＋6×1＝29
校企合作教育模式	3	6	6	3×3＋6×2＋6×1＝27
合计	15	15	15	90

由表4－5可以看出，师徒制教育模式得分34分排序第一，而在15名受访者中有7名首选师徒制为最佳的教育模式。由此得出，师徒制教育模式是解决会计毕业生具备的能力与企业招聘人才的需求的脱节问题的最佳培养模式。

4.2 德尔菲法

4.2.1 专家人数、类型及权威性的确定

专业性和代表性是德尔菲法甄选专家的两大原则。本研究中的专业性要求专家除了具备扎实的理论基础和丰富的实际经验外，对会计职业教育的发展也要有深刻的认知与独到的见解。代表性则要求该研究所选的专家对高职会计专业的教育和社会会计岗位会计的显性知识和隐性知识，对知识的架构以及知识的传授转换有全面的认识。

笔者选取广东省专家库里会计专家19人，分为三类：高校会计专家、企业会计专家、政府部门会计专家。由于笔者是广东会计专家库的成员之一，所以在向专家说明本研究的目的和意义之后，19位专家非常支持会计教育事业的发展，同意参加本次德尔菲法的研究。本研究的专家的权威程度是由3个方面来评定，包括：对指标的熟悉度、学术造诣、对指标的判断依据。一般而言，本指标数值越大，权威程度越高。根据相关数值的统计，本研究的专家权威系数为0.817（大于0.7），专家的权威系数高表明本研究的专家意见可信度高。（统计结果见表4－6）

表4－6　德尔菲专家描述统计结果表（N=19）

统计信息		频数	频率（%）
性别	男	10	52.63
	女	9	47.37
年龄	30～40岁	6	31.58
	40～50岁	10	52.63
	50～60岁	3	15.79
学历	本科	2	10.53
	硕士	7	36.84
	博士	10	52.63
职称	正高级	12	63.15
	副高级	5	26.32
	中级	2	10.53
专长领域	会计教育专家	8	42.11
	会计行业领军人物	7	36.84
	会计政策执行管理者	4	21.05

4.2.2　编制问卷

本研究采用文献分析法并结合笔者多年的会计工作及教育经验，在与事务所同事、财税机关人员、企业会计资深人员以及高校的财经教师进行个别访谈之后，初步确定会计人员能力评价指标体系（见表4－7）。以此为基础，笔者编制了德尔菲法第一轮问卷（见附录一）。

表4-7　会计人员能力评价指标体系表

一级指标	二级指标	指标内涵
1. 会计技能	1.1 团队合作能力	要求每位成员在团队当中除了拥有个人的能力外，更重要的是与团队中其他成员能默契配合，达成团队的目标
	1.2 沟通协调能力	善于与公司中不同部门和不同级别的人员在相关的工作中进行有效协调交流，也可谓之协调变通的能力
	1.3 解决问题能力	运用观念、规则、一定的程序方法等对客观问题进行分析并提出解决方案
	1.4 抗压应对能力	意识到压力的存在，正确分析压力的来源后寻求解决压力的合理办法
	1.5 人际交流能力	包括表达能力、倾听能力和设计能力。这实际上是个人素质的重要体现，关系着一个人的知识、能力和品德
	1.6 决策能力	参与决策活动、进行方案选择的技能和本领
2. 会计知识	2.1 企业系统知识	一部分是OA（办公室自动化系统）的相关知识，另一部分为业务系统包括ERP、HR、CRM的相关知识
	2.2 财务会计及报告知识	对企业已经完成的资金运动全面系统的核算与监督，为外部与企业有经济利害关系的投资人、债权人和政府有关部门提供以企业的财务状况与盈利能力等经济信息为主要目标而进行的经济管理活动。运用财务会计的基本概念、原则和理论方法，包括财务报表编制（资产负债表、损益表和现金流量表等）、会计核算和财务报表分析等
	2.3 成本会计知识	管理会计以成本会计为基础，利用成本会计所提供的信息进行分析、决策和规划
	2.4 财税软件知识	以最新企业会计准则体系为依据，以会计职业能力培养为导向，采用任务驱动、项目导向的设计理念，拥有使用财务软件处理会计业务的理论和实践方法

（续上表）

一级指标	二级指标	指标内涵
2. 会计知识	2.5 纳税管理知识	按税法或税务机关相关行政法规所规定的内容，在申报期限内，以书面形式向主管税务机关提交有关纳税事项及应缴税款的会计处理
	2.6 法律知识	依照《中华人民共和国会计法》和统一的会计制度进行会计核算，实施会计监督，规范会计基础工作
3. 会计综合素质	3.1 客观	客观性原则也称真实性原则，真实报告有关企业的经营成果及财务状况
	3.2 公正	要求会计从业人员保持独立性，如实地报告会计相关资料
	3.3 守法	会计人员必须认真学习、准确理解和掌握相关法律、法规，在会计工作当中严格遵守与执行
	3.4 终身学习	开始于人的生命之初，终止于人的生命之末，贯穿人的发展各个阶段及各个方面的教育活动的学习态度
	3.5 社会责任及公益	个体对社会整体如环境保护、安全生产、社会道德以及公共利益等方面承担的责任
	3.6 政策水准	洞察事物、分析事物、明辨是非、决策决断的水平

第二轮问卷是根据第一轮问卷的数据和资料进行重新整理和分析后形成的。在上一轮的专家打分过程中对指标的增减和对内涵提出的修改要一并反馈给专家，专家根据反馈回来的问卷经过分析，按照新的问卷重新进行打分评价并提出专业的意见和建议。研究人员再次收回问卷后，再进行统计，整理和修改再反馈给专家，直到问卷达到一致为止。

4.2.3 指标筛选条件

本研究中所有的指标的筛选条件为设定的均值、中位数、标准差、变异系数等4个条件，必须同时满足3个条件或以上，否则对该指标进行修改或删除。以下是对这四项标准的详细描述。

均值（Average）：均值是专家对指标的认可度。每轮问卷认可度为十级量表，从1级到10级，1表示非常不赞同，数值越大认可度越高，10表示非常赞同。如果该指标的分值在6以下，要求专家进行相关评分的说明。故本研究每轮平均值的基准数为7。

中值（Median）：中值是专家对该指标打分的集中程度。中值越大，则该指标认可度高。本研究每轮的中值设定为7。

标准差（Standard Deviation）：该指标用于测量专家意见的离散程度。该值越大，离散程度越高，意见越不集中。本研究设定的标准差基准数为1。

变异系数（Coefficient of Variation）：该值是标准差与平均数的比值。变异系数越小，一致性越高。本研究变异系数基准数为1。

本研究德尔菲问卷统一用肯德尔一致性系数（W）进行上述指标的检测，该系数（W）表示多个评价者的序数评价之间的关联度，对用德尔菲法评价相同样本尤其有用。肯德尔系数值的范围可以是0到1。肯德尔系数越高，关联就越强。本研究取协调系数0.7或以上为达到一致性的标准。

最终会计人员能力评价指标体系的指标的筛选条件为这4个条件，必须同时满足其中3个条件或以上。（见表4－8）

表4－8　指标筛选条件

平均值（AVG）≥7
中位数（Medain）≥7
标准差（Std）＜1
变异系数（CV）＜0.25

4.2.4　问卷调查结果分析

第一轮问卷调查一共发放19份，回收19份，回收率100%。专家的积极系数用问卷的有效回收率表示，即100%（＞70%），然后将这19份问卷结果录入SPSS21软件。首先进行问卷的协调系数检验，检验结果见表4－9。

表4-9　第一轮问卷一致性检验表

N样本数	19
肯德尔一致性系数（W）	0.550
Asymp. Sig. P值	0.000

由表4-9的资料处理方案中可见，协调系数为0.550，小于0.7，一致性检验不合格。这说明仍需要继续进行第二轮问卷。根据表4-8资料处理的四大条件，具体的问卷分析见表4-10、表4-11。

表4-10　第一轮专家问卷资料统计结果表

一级指标	二级指标	均值	中位数	标准差	变异系数
1. 会计技能	1.1　团队合作能力	8.52	9	0.61	0.07
	1.2　沟通协调能力	7.47	7	1.00	0.14
	1.3　解决问题能力	8.32	9	0.88	0.11
	1.4　抗压应对能力	7.73	8	1.1	0.14
	1.5　人际交流能力	7.31	7	1.1	0.15
	1.6　决策能力	2.78	3	0.85	0.31
2. 会计知识	2.1　企业系统知识	8.11	8	1.1	0.14
	2.2　财务会计及报告知识	8.58	9	0.60	0.07
	2.3　成本会计知识	8.57	9	0.61	0.07
	2.4　财税软件知识	8.37	9	0.76	0.09
	2.5　纳税管理知识	8.52	9	0.69	0.08
	2.6　法律知识	8.36	9	0.89	0.10
3. 会计综合素质	3.1　客观	7.26	7	1.2	0.16
	3.2　公正	9.00	9	0.74	0.08
	3.3　守法	8.15	8	1.86	0.22
	3.4　终身学习	7.31	7	1.60	0.21
	3.5　社会责任及公益	7.8	9	1.6	0.24
	3.6　政策水平	2.20	2	1.26	0.61

表4-11　第一轮问卷专家意见分析表

一级指标	二级指标	修改意见
1. 会计技能	1.1　团队合作能力	取团队其他成员的长处来补自己的短处，也把自己的长处、优点分享给大家，互相学习交流，共同进步
	1.5　人际交流能力	良好性格、儒雅风度、学识修养，在社交活动中要热情、自信；注意仪表、举止；面带微笑、运用温和、幽默的语言处理公共关系事务。在社交活动中应对领导、同事、合作者和其他公众表示关心和尊重
	1.6　决策能力	决策能力适用于财务总监的财务高管，对于初级的会计人员来说不是必备的能力。初级会计人员只要适度培养该方面的能力。建议删除
2. 会计知识	2.1　企业系统知识	企业的信息系统包括：企业信息化建设、企业信息开放与保护、企业信息开发与利用。会计人员在掌握部分相关信息系统的同时，也要注意资讯公开和信息共享，按照一定的使用权限在企业内部部门之间、员工之间和与之合作伙伴之间进行资源共享
	2.6　法律知识	会计人员遵从的法律不仅只有《中华人民共和国会计法》，其他相关的法律也要严格遵守。比如《中华人民共和国税法》《中华人民共和国经济法》等
3. 会计综合素质	3.1　客观	客观是指对待事物时不掺杂个人主观的意见在经济学中，它是指企业应当以实际性的交易或事项为依据进行确认、计量和报告，如实地反映符合计量要求的各项会计要素，保证会计信息真实可靠，内容完整
	3.5　社会责任及公益	作为企业的会计人员，处理其他业务应关注公众利益和社会责任，如果发现该企业生产对社会环境或公众造成危害时，应该及时提取赔偿或治理费用
	3.6　政策水平	对政策的理解有利于公司整体发展的决策，本研究的对象只要适当关心政策，听从领导的指挥，配合公司的发展即可。建议删除

4.2.5　修正调查问卷

根据第一轮收回的问卷进行整理和分析。得出3项一级指标不用修改，18项二级指标中删除2项，8项进行修改。对指标1.6“决策

能力”和3.6“政策水平”，由于中值和标准差都不符合要求，专家的文字意见为初级会计人员不需具备此两项能力，建议删除。修改后的评价指标具体见表4－12，删除的内容用单横线划掉，修改用下划线双横线表示。

表4－12　修改后的评价指标体系表

一级指标	二级指标	指标内涵
1. 会计技能	1.1　团队合作能力	对于团队的成员来说，不仅要有个人能力，更需要有在不同的位置上各尽所能，取团队其他成员的长处来补自己的短处，与其他成员协调合作的能力
	1.2　协调与沟通能力	在日常工作中妥善处理好与上级、同级、下级等的各种关系，减少摩擦，能够调动各方面的工作积极性的能力
	1.3　解决问题能力	运用观念、规则、一定的程序方法等对客观问题进行分析并提出解决方案的能力
	1.4　抗压应对能力	意识到压力的存在，正确分析压力的来源后，寻求合理的解决压力的办法
	1.5　人际交流能力	良好性格、儒雅风度、学识修养，在社交活动中要热情、自信；注意仪表、举止；包括表达能力、倾听能力和设计能力。在社交活动中应对领导同事、合作者和其他公众表示关心和尊重
	1.6　决策能力	~~参与决策活动、进行方案选择的技能和本领~~
2. 会计知识	2.1　企业系统知识	用权限在企业内部部门之间、员工之间和与合作伙伴之间进行资源共享
	2.2　财务会计及报告知识	对企业已经完成的资金运动进行全面系统的核算与监督，为外部与企业有经济利害关系的投资人、债权人和政府有关部门提供以企业的财务状况与盈利能力等经济信息为主要目标而进行的经济管理活动。运用财务会计的基本概念、原则和理论方法，包括财务报表编制（资产负债表、损益表和现金流量表等）、会计核算和财务报表分析

（续上表）

一级指标	二级指标	指标内涵
2. 会计知识	2.3　成本会计知识	管理会计以成本会计为基础，利用成本会计所提供的信息进行分析、决策和规划
	2.4　财税软件知识	以最新企业会计准则体系为依据，以会计职业能力培养为导向，采用任务驱动、项目导向的设计理念，拥有使用财务软件处理会计业务的理论和实践方法
	2.5　纳税管理知识	按税法或税务机关相关行政法规所规定的内容，在申报期限内，以书面形式向主管税务机关提交有关纳税事项及应缴税款的会计处理。
	2.6　法律知识	会计人员依照《中华人民共和国会计法》和统一的会计制度进行会计核算，实施会计监督，规范会计基础工作。同时也要遵守《中华人民共和国税法》《中华人民共和国经济法》等
3　会计综合素质	3.1　客观	客观是指对待事物不掺杂个人主观的意见。在经济学中，它是指企业应当以实际性的交易或事项为依据进行确认、计量和报告，如实地反映符合确认和计量要求的各项会计要素，保证会计信息真实可靠，内容完整
	3.2　公正	会计人员应具备正直、诚实的品质，不偏不倚地对待各方利益。要求会计人员从业保持独立性
	3.3　守法	会计人员必须认真学习，准确理解和掌握法律、法规，在会计工作当中严格遵守与执行
	3.4　终身学习	开始于人的生命之初，终止于人的生命之末，包括人的各个发展阶段及各个方面的教育活动的学习态度
	3.5　社会责任及公益	个体对社会整体如环境保护、安全生产、社会道德以及公共利益等方面承担的责任。作为企业的会计人员，处理其他业务应关注公众利益和社会责任，如果发现该企业生产对社会环境或公众造成危害时，应该及时提取赔偿或治理费用。
	3.6　政策水平	洞察事物、分析事物、明辨是非、决策决断的水平。

4.2.6 第二轮德尔菲法问卷调查结果分析

第二轮问卷基于第一轮的主体部分经过整理、分析、汇总后形成，并告知专家修改和删除的意见等信息内容，形成第二轮正式的问卷（附录二）。第二轮同样向 19 位专家发出修改后的问卷，收回 19 份，回收率为 100%，同样将获得的数据输入 SPSS21，得出结果如表 4－13 所示。

表 4－13　第二轮问卷一致性检验表

N 样本数	19
肯德尔一致性系数（W）	0.834
Asymp. Sig. P 值	0.000

根据上表的数据显示，第二轮的协调系数为 0.834，大于 0.7，按本研究的预设条件一致性检验通过，因此不需要进行第三轮问卷。

表 4－14　第二轮专家问卷资料统计结果表

一级指标	二级指标	均值	中位数	标准差	变异系数
1. 会计技能	1.1　团队合作能力	8.94	9	0.70	0.07
	1.2　协调与沟通能力	9.31	10	0.94	0.10
	1.3　解决问题能力	8.8	9	0.83	0.09
	1.4　抗压应对能力	9.36	10	0.89	0.09
	1.5　人际交流能力	7.31	7	1.1	0.15
2. 会计知识	2.1　企业系统知识	9.15	10	1.2	0.13
	2.2　财务会计及报告知识	8.80	9	0.83	0.09
	2.3　成本会计知识	7.31	7	1.1	0.15
	2.4　财税软件知识	9.00	9	0.74	0.08
	2.5　纳税管理知识	7.30	7	1.09	0.14
	2.6　法律知识	9.00	9	0.75	0.08
3. 会计综合素质	3.1　客观	7.32	7	1.09	0.14
	3.2　公正	9.27	10	1.1	0.12
	3.3　守法	9.26	10	1.04	0.11
	3.4　终身学习	8.90	9	0.66	0.07
	3.5 社会责任及公益	8.63	9	0.89	0.10

根据表4－14对各个统计量的分析可知，所有选项满足会计人员能力评价指标体系的遴选要求。可以看出，修正过后会计人员能力评价指标体系量表一致性较高，专业意见较为统一。其中，专家对于删除二级指标“决策能力”和“政策水平”给予肯定意见。

4.2.7 成果结论

根据以上德尔菲两轮专家意见，结合笔者多年的行业经验得出会计人员能力指标体系评分量表（见表4－15）。重要性指标分值为5分，一共有6个，共计30分；非常重要指标分值为7分，一共有10个，共计70分；满分为100分。另外，每个二级指标的打分中细分优等、中等和及格3个层次，力求得出科学简易的量表，为下一步研究做准备。

表4－15 会计人员能力评价指标体系评分量表

一级指标	二级指标	重要程度	评分准则	
1. 会计技能	1.1 团队合作能力	重要	优等	3.5～5.0
			中等	1.5～3.49
			及格	0～1.49
	1.2 协调与沟通能力	非常重要	优等	5.0～7.0
			中等	2.5～4.99
			及格	0～2.4
	1.3 解决问题能力	非常重要	优等	5.0～7.0
			中等	2.5～4.99
			及格	0～2.49
	1.4 抗压应对能力	重要	优等	3.5～5.0
			中等	1.5～3.49
			及格	0～1.49
	1.5 人际交流能力	非常重要	优等	5.0～7.0
			中等	2.5～4.99
			及格	0～2.49

（续上表）

一级指标	二级指标	重要程度	评分准则	
2. 会计知识	2.1　企业系统知识	重要	优等	3.5～5.0
			中等	1.5～3.49
			及格	0～1.49
	2.2　财务会计及报告	非常重要	优等	5.0～7.0
			中等	2.5～4.99
			及格	0～2.49
	2.3　成本会计	非常重要	优等	5.0～7.0
			中等	2.5～4.99
			及格	0～2.49
	2.4　财税软件知识	非常重要	优等	5.0～7.0
			中等	2.5～4.99
			及格	0～2.49
	2.5　纳税管理知识	非常重要	优等	5.0～7.0
			中等	2.5～4.99
			及格	0～2.49
	2.6　法律知识	重要	优等	3.5～5.0
			中等	1.5～3.49
			及格	0～1.49
3. 会计综合素质	3.1　客观	非常重要	优等	5.0～7.0
			中等	2.5～4.99
			及格	0～2.49
	3.2　公正	重要	优等	3.5～5.0
			中等	1.5～3.49
			及格	0～1.49
	3.3　守法	非常重要	优等	5.0～7.0
			中等	2.5～4.99
			及格	0～2.49
	3.4 终身学习	重要	优等	3.5～5.0
			中等	1.5～3.49
			及格	0～1.49
	3.5 社会责任及公益	非常重要	优等	5.0～7.0
			中等	2.5～4.99
			及格	0～2.49

4.2.8　量表测试

1. 测试

Helmer（1967）指出，一般而言，德尔菲法的结果是具有良好信度与效度的。为了更科学、更严谨，本研究对德尔菲法开发的会计人员能力指标体系评分量表先进行一次测试。本次测试是一个五级评分的问卷（见附表三）。因为本研究将会用探索性因子EFA和验证性因子分析CFA来验证效度，样本量要求是测量指标的5～10倍以上，本研究测量指标一共16个，所以拟定发放350份问卷。问卷大部分发放给公司的人力资源主管、会计主管和会计从业人员，其次发放给财政税务机关相关人员，还有部分发给高校会计专业老师。本次收回有效问卷340份，回收率97%，其中10份为无效问卷，有效问卷为330份。

2. 测试量表的信度

信度分析是检测量表是否具备稳定性和可靠性的测试方法。本研究采用的信度指标为内部一致性系数，由两部分组成：Cronbach α（克朗巴哈系数）内部一致信度及分半信度。

表4－16　会计人员能力指标体系评分量表的信度表（N＝330）

	Cronbach α	分半信度
会计技能	0.8981	
会计知识	0.9014	
会计综合素质	0.8730	
总量表	0.9216	0.8709

对于信度分析而言，克朗巴哈系数越大信度越高，一般大于0.7则表示该量表具备信度。从表4－16可以看出，本研究总量表的克朗巴哈系数达到了0.9216，内在信度很高。从分量表克朗巴哈系数会计技能达到了0.8981，会计知识达到了0.9014，会计综合素质达到了0.8730，均说明内在信度很高。而半分信度也到达0.8709，这一结果也是非常理

想。结论是本量表信度较高。

3. 测试量表的效度

首先是 KMO 和 Bartlett 检验。在对量表数据进行因子分析之前，需要分析原始变量的相关性，原始变量高度相关才能提取信息重叠部分进行降维。KMO 和 Bartlett 检验是检测原始变量是否适合做因子分析，根据表 4 - 17，KMO 测度为 0. 801，Bartlett 检验显著性为 0. 000，该量表的原始变量集适合做因子分析。

表 4 - 17　KMO 和 Bartlett 检验表

样本充分性的 KMO 测度		0. 801
巴特利特球形度检验	近似卡方	11673
	自由度	120
	显著性	0. 000

其次是效度分析。结构效度指量表与理论结构的一致性，是衡量量表质量的重要标准。若各维度与整体量表间的相关性显著，则表明该量表有较好的结构效度。本研究使用探索性因子分析法 EFA（Exploratory Factor Analysis）和验证性因子分析 CFA（Confirmatory Factor Analysis）检验，用于检验测量量表的因子结构。使用的检测工具是 SPSS21 和 AMOS24。

（1）探索性因子分析。将各项数值输入 SPSS21 进行因子分析，运行因子分析命令后，得到探索性因子分析碎石图 4 - 7。从碎石图和总方差解释表可以看出，第三因子以后的特征根值较小。3 个因子占去总方差 61. 043%，原有变量的信息丢失较少。

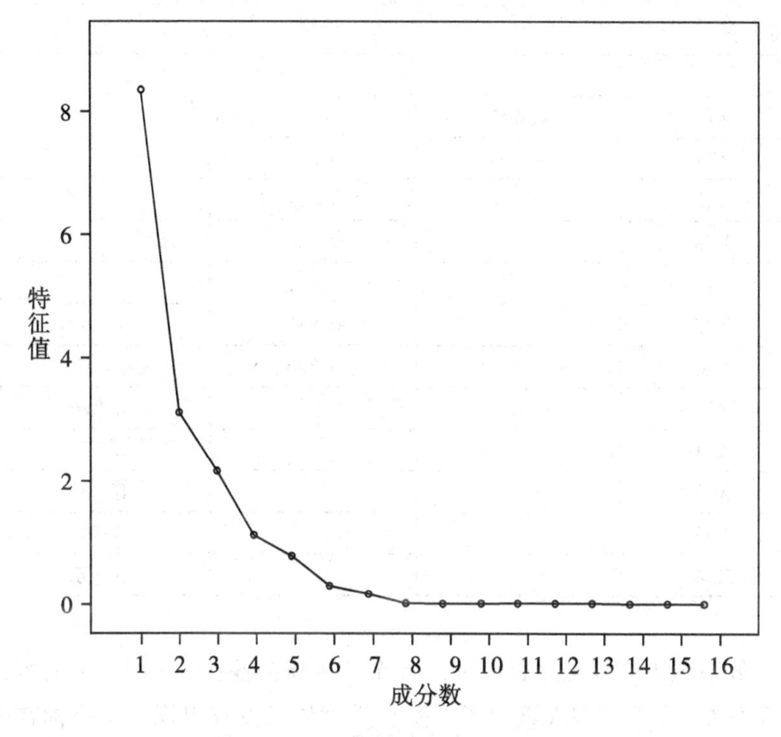

图4-7　探索性因子分析碎石图

表4-18　因子特征根、方差贡献率和方差累计贡献率表

因素	特征根	方差贡献率（%）	方差累计贡献率（%）
1	8.621	37.492	37.492
2	3.203	13.929	51.421
3	2.213	9.622	61.043

表4-19　模型旋转后的因子负荷矩阵表（N=330）

	1	2	3
X13	0.756		
X14	0.819		
X15	0.803		
X16	0.824		

（续上表）

	1	2	3
X17	0.697		
X21		0.873	
X22		0.792	
X23		0.734	
X24		0.841	
X25		0.817	
X26		0.726	
X30			0.826
X31			0.793
X32			0.801
X33			0.765
X34			0.702

经过最大方差正交旋转后，16个二级指标各在特定因子上的载荷大于0.6，且载荷只在该因子上呈现最大值，没有出现一个指标在两个因子上都大于0.5的情形。

由表4-18与表4-19的数据可知：

主因子1包括5个题项，分别是X13、X14、X15、X16、X17，对应的维度是“会计技能”。

主因子2包括6个题项，分别是X21、X22、X23、X24、X25、X26，对应的维度是“会计知识”。

主因子3包括5个题项，分别是X30、X31、X32、X33、X34对应的维度是“会计综合素质”。

经过比对，发现因子载荷分类与德尔菲法获得的分类一致。由此可以判定量表具有良好的建构效度。

（2）验证性因子分析。使用结构方程模型对会计技能、会计知识和会计综合素质及其各二级指标进行聚合度和区分度检验结果表明，所采用量表各项指标聚合度和拟合度良好，量表结构较好。（见图4-8、表4-20、4-21）

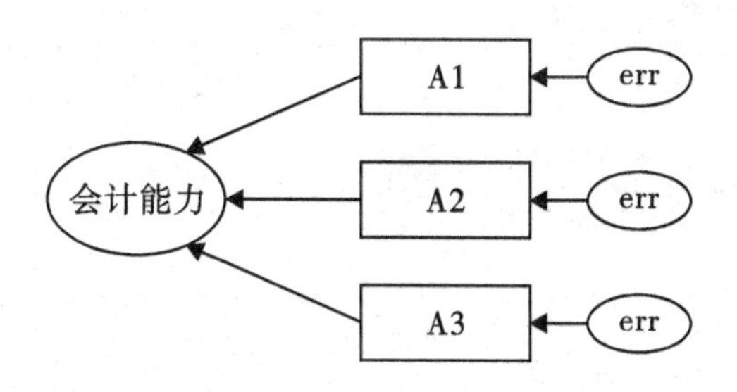

图4-8　会计人员能力结构模型图

表4-20　量表验证性因子分析模型的聚合指标（N=330）

模型的 AVE 和 CR 指标结果		
量表	平均方差萃取值	组合信度 CR 值
会计技能	0.70	0.904
会计知识	0.84	0.967
会计综合素质	0.704	0.910

由表4-20可知，AVE 值全部均大于0.5，而且 CR 值全部大于0.7，因而说明本次测量量表数据具有优秀的聚合效度。

表4-21　量表验证性因子分析模型的拟合指标（N=330）

量表	x2/df	RMSEA	GFI	NFI	IFI	TLI	CFI
会计技能	1.93	0.059	0.94	0.93	0.96	0.95	0.96
会计知识	1.81	0.055	0.92	0.90	0.95	0.94	0.95
会计综合素质	1.97	0.061	0.93	0.91	0.93	0.92	0.93

从表4-21中可见，量表验证性因子分析结果小于3，RMSEA 小于0.08，GFI、NFI、IFI、TLI、CFI 各项拟合指数均在0.90以上，表明量表的模型拟合程度较好。

4. 预测小结

根据预测结果可知，本研究使用德尔菲法得出的会计人员能力指标体系里的会计技能、会计知识和会计综合素质量表3个维度具有较好的信度和效度，达到测量的标准，可供后续研究使用。

4.3 实验法

4.3.1 实验的目的

在高职会计专业毕业生的实习阶段中进行师带徒教学实验，通过实验组和对照组之间的横向比较，检验师徒制教学模式在我国高职会计专业毕业实习教学中对知识转移的效果及与传统的学生自己找单位实习效果的差异。本研究的实验设计为有对照组的前后测的实验模式，旨在探讨师徒制在会计专业学生在实习阶段教学中的效果，为进一步在我国高职会计教学中实施和推广师徒制提供依据。

本研究期盼通过师带徒的教学模式成功将师傅的显性知识和隐性知识顺利转移给徒弟，达到以下几个目标：①提高高职学生的会计技能（团队合作能力、解决问题能力、沟通协调能力、抗压应对能力和人际交流能力）；②提高高职学生的会计知识水平（包括企业系统知识、财务会计及报告知识、成本会计知识、纳税管理知识、财税软件知识和法律知识）；③提高高职学生和会计综合素质（包括客观、公正、守法、终身学习和社会责任及公益）。

4.3.2 实验设计

（1）实验内容。依据德尔菲法制定出的会计人员能力指标体系作为研究对象提高能力的评分标准。本次教学实验选取了提高高职会计专业学生的会计技能、会计知识、会计综合素质 3 个维度为实验内容。根据会计人员能力指标体系中 3 个一级指标，和其包含的 16 个二级指标为实验和评价的标准，在分好实验组和对照组之后进行一次实验前测，再对实验组进行为期两个月的师徒制会计实习培训，然后对实验对象进行实验后测，最后进行分析讨论后得出实验的结论。

（2）实验的对象。随机选取汕尾职业技术学院 192 会计 1 班 60 名学生为研究对象，再用随机不重复的办法将其分为实验组（在实习

期间采用师带徒教学模式实习的）和对照组（按传统模式，学生自己找实习单位实习的）两个组别，实验组人数为 30 人，对照组为 30 人。

（3）研究的问题。师带徒的教育模式在高职会计学生毕业实习阶段会计技能、会计知识、会计综合素质的能力提高方面，比对照组有更好的效果。

（4）实验时间及地点。时间：2021 年 1 月 9 日—2021 年 3 月 8 日，共计两个月。除去春节的假期，实际进行师徒制教育的时间为 7 周。每周学生跟着导师工作，在实际工作中进行指导。每周指导 6 天，每天 8 个学时，共计 336 学时。地点：大信会计师事务所广东分所。

（5）实验的控制。实验班级的选取在研究对象里用随机的方式抽取才更具科学性。那如何才能做到随机？本实验采用随机选取实验班级的方法。

从汕尾职业技术学院 2021 届会计的毕业实习生中随机抽取一个班级。2021 届会计毕业实习班级一共有 4 个班，其中每个班学生人数为 40 ～ 60 人。本届会计专业毕业实习生分两类，有 18 级三年制的专科生，也有 19 级两年制的专科生。三年制的学生是从普通高中通过高考进来的，而两年制的学生是职业中学会计专业的学生通过“3 + 证书”考核考进来的。普通高中考生入汕尾职业技术学院会计学专业的录取分数线为 373 分。职业中学的考生入汕尾职业技术学院会计学专业需通过“3 + 证书”考核，并且三门总分在 110 分以上。总体来说，学生入学时素质比较均衡。

分班也是以均衡为原则，把各个分数段的学生平均分到各个会计班当中。三年制学制分 6 个学期，两年制学制分 4 个学期。最后的一个学期均为实习学期。汕尾职业技术学院没有划分重点班，故学生的各方面素质较为平均。笔者把 4 个乒乓球写上编号为 1 班～ 4 班的数字，放在一个不透明的纸箱里，随机抽出一个班进行实验，抽取的结果是 192 会计 1 班（学号为 2019251101 ～ 2019251160）。

（6）实验组和对照组的划分。对照组别与实验组别非常相似，但

没有接受师徒制培训。将实验组别的成绩与另一组非常相似但没有接受实验培训的组别进行比较，这样的组别通常被称为“对照组别”(control group)。加入对照组别是发现实验成果的主因最有效的方法。在实验之初，同时指定实验组别（experiment group）参加师徒制培训，与对照组别不参加师徒制培训。在外在影响相似的状态下，比较两组的绩效所产生的差异通常可以推断是师徒制培训所造成的结果。亦即是说，在对照组别身上，任何影响组别成绩的外来因素均会被控制或排除。如果实验组别在实验课程结束考核中的成绩，比对照组别高许多，便意味着师徒制培训有效。

对照组和实验组的划分如何做到随机和科学呢？利用应用程序进行随机分组。打开微信小程序“抽签工具箱”进行分组，设定第一组为对照组，第二组为实验组。将小程序分享到192会计1班群，让同学们点击进行系统分组，系统会自动随机将学生分为30人一组。笔者将系统自动生成的组别和成员前三学期的期末成绩综合对比了一下，两组成绩基本平衡，不存在很大的偏差。本实验还安排了实验前测测试卷，如果发现实验组和对照组学生素质不均衡，到时可以适当调整。

（7）有对照组的前、后测设计。对两个组别都有培训前的测量和培训后的测量，可以剔除那些可能由于实验中其他方面的条件发生变化而导致的变化，因此可以更明确地看出实验中培训的效果，同时也使得实验研究者更有把握确定实验的效果。进行前测的目的是实验管理者对实验组和对照组研究对象进行测试，保证研究对象在会计技能、会计知识和会计综合素质三方面在实验前都较为平均。

本实验在设计时，实验管理者会预先测试实验组别和对照组别，然后向实验组别提供会计师徒制的培训，对照组别则不接受专项培训。在会计师徒制培训完结后，实验管理者会向实验组别以及对照组别再做一次考核。理论上，对照组别因为没有参加师徒制的培训在培训前或后测试，它的测试得分应该变化不大；但由于对照组成员原来在学校学习，现在在企业实习，多向同事学习实践的知识，

再加上个人主观努力，所以实践方法知识稍稍有点提高亦属正常。相对地，实验组别在师徒制培训后测试的得分，应比培训前大幅提高。此测量法的设计若以图解表示的话，有对照组的前后测设计可见表4－22。其中，师徒制培养效度：X_2比X_1大许多；X_4等于或略大于X_3。

表4－22　有对照组的前后测设计

	培训前	培训	培训后
实验组别	X_1	√	X_2
对照组别	X_3	×	X_4

［资料来源：根据周国强《培训与发展第五单元》（2010：43）进行整理。］

4.3.3　实验基本程序

本研究实验操作过程有四步，包括准备、前测、实施和后测。

1. 实验前的准备

（1）实验对象的确定。实验对象为笔者任职的高职学院——汕尾职业技术学院经济管理系会计专业2021年毕业实习学生。在毕业实习4个会计班里随机选取了192会计1班为我们的研究对象。将192会计1班用随机不重复的抽取方法抽出30名学生为实验组，另外的30名学生为对照组。

（2）实验场地的确定。笔者现在在汕尾职业技术学院任职，同时也是一名高级会计师和注册税务师，曾经兼任大信会计师事务所广东分所副所长，对大信广东分所的工作人员和领导还有工作环境业务范围都很熟悉。大信会计师事务所广东分所还是汕尾职业技术学院的校企合作企业，所以选取了大信会计师事务所广东分所为师徒制教学模式的实验场地。

（3）实验时间的确定。汕尾职业技术学院毕业生的实习时间安排在第四或第六学期，即每年的1月至6月。此时期适逢大信会计师事务所广东分所所得税汇算清缴的鉴定工作期。学生若在这时候进入事务所进行师徒制的学习，能学到更多的纳税管理方面知识。

(4) 实验师傅的选定。本研究实验组为30人，平均分为6小组，每个小组5位学生，每个小组由一名资深的会计师担任师傅。大信会计师事务所广东分所一共有60名执业的会计师。笔者首先查看各会计师的履历，再向事务所有关领导了解各会计师负责的具体的工作范围。本次选师傅，要求是要有扎实的会计理论基础、丰富的实际经验，同时还有良好的职业道德。在60名会计师当中选出符合条件的10名并和其单独交谈，看他们是否愿意带徒弟，是否有能力带好学生，最终经过双向的选择，选出6名会计师当师傅。

表4-23　实验内容进度安排表

进度	实验的内容安排		体现的指标
	会计核算	财务管理	
2021年1月9日—19日	(1) 师傅带徒弟完成上一个月的企业会计核算 (2) 完成150笔左右的经济业务，平均每天30笔 (3) 同时师傅进行隐性知识的传授：违规报销实验、经理要求非正常入账、与企业内其他部门协调关系、与企业外其他单位协调关系等 (4) 填制记账凭证，编制科目汇总表，登记总分类账和明细分类账户，编制会计报表，装订成册 (5) 出具财务报告 (6) 进行纳税申报	(1) 撰写上月财务分析报告 (2) 编制现金流量预算表 (3) 书写各部门本月会计指标的执行情况 (4) 到税务局熟悉纳税申报、办税工作的流程，与公司的税务专管员进行有关税务情况的沟通	1.1　团队合作能力 1.2　沟通协调能力 1.3　解决问题能力 1.4　抗压应对能力 1.5　人际交流能力 2.1　企业系统知识 2.2　财务会计及报告知识 2.3　成本会计知识 2.4　财税软件知识 2.5　纳税管理知识 2.6　法律知识 3.1　客观 3.2　公正 3.3　守法

（续上表）

进度	实验的内容安排		体现的指标
2021 年 1 月　20—1 月 30 日	（1）徒弟独自完成，上一个月的企业会计核算 （2）完成 150 笔左右的经济业务，平均每天 30 笔 （3）徒弟对于隐性知识的学习也会在此环节进行，比如，在领导的威迫下，或在同事的友情请求下有没有违规报销入账。会计人员在有没有在工作的过程当中谋私；和部门外甚至和外单位的业务处理上是否正确 （4）填制记账凭证，编制科目汇总表，登记总分类账和明细分类账户，编制会计报表，装订成册 （5）出具财务报告 （6）进行纳税申报	（1）撰写上月财务分析报告 （2）编制现金流量预算表 （3）书写各部门本月会计指标的执行情况 （4）到税务局熟悉纳税申报，办税工作的流程和公司的税务专管员进行有关税务情况的沟通。	1.1　团队合作能力 1.2　沟通协调能力 1.3　解决问题能力 1.4　抗压应对能力 1.5　人际交流能力 2.1　企业系统知识 2.2　财务会计及报告知识 2.3　成本会计知识 2.4　财税软件知识 2.5　纳税管理知识 2.6　法律知识 3.1　客观 3.2　公正 3.3　守法

（续上表）

进度	实验的内容安排	体现的指标
2021 年 1 月 31 日—2 月 20 日	（1）师傅带徒弟进行所得税汇算清缴的工作 （2）学生们分工合作对 50 个客户的帐目进行审计，处理底稿，并将底稿归档 （3）师傅带徒弟到企业进行业务接洽 （4）师傅带徒弟到企业出外勤 （5）师傅教授徒弟与客户进行纳税与调账的沟通 （6）师傅带徒弟与各税务分局进行业务沟通和交流 （7）税务机关提出额外纳税的要求，如何协调关系 （8）了解各镇区各行业的税负，做好所得税汇算清缴工作	1.1 团队合作能力 1.3 解决问题能力 1.2 沟通协调能力 1.4 抗压应对能力 1.5 人际交流能力 2.1 企业系统知识 2.2 财务会计及报告知识 2.3 成本会计知识 2.4 财税软件知识 2.5 纳税管理知识 2.6 法律知识 3.1 客观 3.2 公正 3.3 守法 3.4 终身学习 3.5 社会责任及公益
2021 年 2 月 21 日—3 月 8 日	（1）师傅带徒弟到企业进行财务管理业务的约谈 （2）了解客户的需求和面临的困境 （3）对项目进行各种市场，行业，宏观及微观的分析 （4）进行技术的计算和分析，得出最优的方案 （5）协助企业落实方案 （6）协助企业解决方案实施中的各种难题，促成项目的完成	1.1 团队合作能力 1.2 沟通协调能力 1.3 解决问题能力 2.1 企业系统知识 2.2 财务会计及报告知识 3.1 客观 3.2 公正 3.3 守法 3.4 终身学习 3.5 社会责任及公益

（5）对师傅的培训并与之沟通。本实验选取的师傅是资深的会计师，除了具备扎实的理论基础和丰富的实践经验外，还具备良好的职业道德。对师傅的统一培训主要是让师傅去了解徒弟的综合素质和专业水平概况，熟悉实验的各项指标以及指标的分值，了解本实验的大纲进度与安排，以更好地发挥师傅的作用，并统一进度，顺利完成实验。

（6）实验对象的分组和师徒的配对。本实验的30名研究对象用随机的方法分成6组，每组5人。6名师傅分别与6个小组的实验对象进行交流，了解双方的情况。首先是徒弟进行个人简述，介绍自身对会计知识技能的掌握程度、哪方面知识比较薄弱、在培训中期望的收获。其次由师傅进行自我介绍，在师徒交流之后进行双向的选择，确定师徒关系。

（7）测量工具的说明。实验前测和后测的量表为会计人员能力指标体系评分量表。为了评价实验的有效性，本研究通过访谈和德尔菲法得出会计人员能力指标体系评分量表，该指标体系一共有一级指标3个和二级指标16个，每个指标按照重要程度赋予分值。在实验的前测和后测采用同一个指标体系、同一个分值量表，更有可比性，更能有效地反映实验的结果。具体工具见表4－24。

2. 实验的前测

由于实验组和对照组都有实验前的测量和实验后的测量，可以剔除其他方面的条件发生变化而导致的变化，因此可以更明确地看出师徒制教学模式的效果。所以实验前测是本实验中比较重要的一环。实验前为了检验研究对象实验组与对照组是否存在差异性检验，对会计技能、会计知识和会计综合素质进行测试，把实验组与对照组各指标的前测资料进行独立样本T检验。

本研究的对象是192会计1班的60名学生，在前面的叙述里已经对研究对象素质的均衡性进行了描述，总体来说其素质比较平均。经过对前测的结果数据进行检验对比分析后，如果比较平均，可进行下一步的研究。如果结果不太平均的话，也可以进行适当的调整。

表 4－24　实验的项目及相关情况表

一级指标	二级指标	测试项目	时间、地点、评分标准
1. 会计技能	1.1　团队合作能力	测试卷（见附录四）	测试时间：2021 年 1 月 8 日
	1.2　沟通协调能力		
	1.3　解决问题能力		
	1.4　抗压应对能力		
	1.5　人际交流能力		
2. 会计知识	2.1　企业系统知识	账套及报税系统（见附录五、附录八）	测试地点：汕尾职业技术学院电教大楼 107
	2.2　财务会计及报告知识		
	2.3　成本会计知识		
	2.4　财税软件知识		
	2.5　纳税管理知识		
	2.6　法律知识		
3. 会计综合素质	3.1　客观	测试卷（见附录四）	测试师傅评分（按表 4－15 会计人员能力评价指标体系评分量表）
	3.2　公正		
	3.3　守法		
	3.4　终身学习		
	3.5　社会责任及公益		

实验前测是检验为了实验组与对照组在实验前的素质是否存在差异性检验。因而对研究对象的会计技能（团队合作能力、解决问题能力、沟通协调能力、抗压应对能力和人际交流能力 5 个指标）、会计知识（包括企业系统知识、财务会计及报告知识、成本会计知识、纳税管理知识、财税软件知识和法律知识 6 个指标）和会计综合素质（包括客观、公正、守法、终身学习和社会责任及公益 5 个指标）三大方面进行测试，并且把两个组的 16 项指标测试的结果进行独立样本 T 检验。（见表 4－25）

表4-25　实验前研究对象各指标独立样本T检验表

指标		实验组	对照组	P
一级指标	二级指标	（M±SD）	（M±SD）	
1. 会计技能	1.1　团队合作能力	2.82±0.16	2.97±0.15	0.601
	1.2　解决问题能力	4.54±0.18	4.47±0.23	0.778
	1.3　沟通协调能力	5.13±0.19	5.10±0.11	0.562
	1.4　抗压应对能力	3.19±0.17	3.32±0.14	0.994
	1.5　人际交流能力	4.45±0.21	4.52±0.16	0.812
2. 会计知识	2.1　企业系统知识	3.58±0.16	3.69±0.16	0.683
	2.2　财务会计及报告知识	4.15±0.23	4.26±0.18	0.946
	2.3　成本会计知识	3.79±0.15	3.92±0.20	0.59
	2.3　财税软件知识	3.65±0.21	3.63±0.17	0.636
	2.4　纳税管理知识	3.53±0.19	3.63±0.14	0.703
	2.5　法律知识	3.67±0.18	3.35±0.22	0.817
3. 会计综合素质	3.1　客观	4.67±0.20	4.54±0.12	0.897
	3.1　公正	3.30±0.13	3.43±0.14	0.603
	3.1　守法	4.46±0.17	4.47±0.11	0.809
	3.1　终身学习	3.58±0.12	3.54±0.17	0.513
	3.1　社会责任及公益	3.19±0.13	3.21±0.15	0.894
总分		61.70±0.71	62.05±0.34	0.804

注：P<0.05表示检验变量之间差异显著，P<0.01表示检验变量之间差异非常显著，P<0.001表示检验变量之间差异极其显著。

由表4-25可见，实验前测实验组与对照组在会计技能、会计知识、会计综合素质一级指标，以及团队合作能力、解决问题能力、沟通协调能力、抗压应对能力和人际交流能力；企业系统知识、财务会计及报告知识、成本会计知识、纳税管理知识、财税软件知识和法律知识；客观、公正、守法、终身学习和社会责任及公益；16个二级指标的平均总分分别为实验组61.70分，对照组62.05分，P值都大于0.05。故实验组与对照组各指标之间均无差异，属于同质样本，为本研究的开展奠定了基础。

3. 实验的实施

第一阶段，2021年1月9日—19日，这一阶段的实验训练，着

重点对实验对象的会计核算和财务管理能力进行师带徒的指导。

第一，师徒制的实验教学中，本研究有统一的实验教学大纲、实验教学教案、实验教学指导书、实验教学进度表，以及实验考核的评价标准。每位师傅和徒弟都严格按实验教学相关程序来操作。

第二，师傅在第一阶段的实验教育中带领学生对一个企业的账务进行核算，完成150笔左右经济业务，平均每天30笔会计核算。

第三，除了用企业真实的业务外，会计核算过程中使用的用具，比如说会计账簿、会计凭证、报告等，都是企业使用真实的式样。企业的相关印章，比如财务专用章，还有企业的相关资料例如组织编码，增值税开票设备，纳税号都是真实的。学生从填写凭证、登账、对账、出报告到报税等都使用企业真实的资料。

第四，对于往来款项，师傅指导徒弟进行对账、核实。师傅针对银行存款和库存现金、存货等账户教授徒弟进行相关的业务处理。

以上列举的师傅教育为师傅对徒弟的显性知识的传授，因为都是会计核算和财务管理的硬性的专业知识，是有形、固定的专业知识。

师徒制对于师傅的隐性知识，如会计行业的规则、人际关系的处理、职业操守等方面的知识转移通过以下方式来传授。

比如，对行业中有人授意要做假账、偷税漏税等违规行为时师傅如何处理；在公司的内部业务处理当中发现其他部门的报销违规该走什么程序上报处理；当公司的领导授意财务人员对账目进行粉饰，会计人员应如何回绝；当和自己较好的同事授意串通谋私，徒弟应如何防范与处理。再比如，在和其他公司的业务联系里，比如对方提出的合作方案利润率很高，但有违社会公益的项目又如何处理；在和工商税务、政府机关的办公人员业务往来方式非常事件，如何得体应对。

会计的职业道德是公司文化和会计职业文化里不可或缺的一部分，这部分知识在平时的学校教学中很难传授。在师徒制的实验教学当中，师傅的言行、待人处事的方式都会潜移默化地影响着徒弟（师傅的楷模作用是给徒弟传授隐性知识最好的身教）。本实验中设计了一些不确定性业务，包括突发事件、环境协调、会计部门和公司各部门人事的协调、和政府部门的人际沟通等。这些不确定性业务穿插在

日常的业务处理之中，让学生利用平时跟师傅所学的知识进行判断，提高解决问题的能力，如人际沟通能力和创新能力。这部分的实验教学是通过师傅进行正确引导，体现了师徒之间隐性知识的转移。现实的会计日常工作除了做好日常的账务处理还远远不够，因为财务部不是独立存在于公司之外，还有与其他部门的合作。而业务也不是固定不变的财务核算，天天都会有新的变化，也会发生很多突发的事件。所以在这部分的训练之中，师傅除了把财务核算的显性知识教给徒弟之外，还会传授隐性知识给徒弟，这样徒弟才能把会计的日常工作做好。

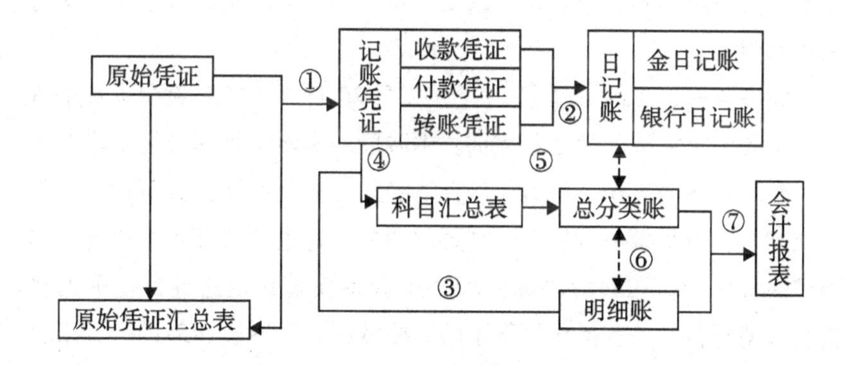

图 4－9　账务处理程序图

会计账务处理程序如下：①根据各类原始凭证编制记账凭证；②根据收付款凭证登日记账；③根据记账凭证登记各种明细账；④编制科目汇总表；⑤登账；⑥对账；⑦月末，根据以上各账本资料出具会计报表。（见图 4－9）

第二阶段，2021 年 1 月 20 日—30 日，是对实验对象的会计核算能力进行教学的阶段。上阶段师傅带着徒弟对企业一个月的账务进行核算后，徒弟在本阶段要运用师傅上阶段所教的账务核算的会计核算业务、会计道德项目、突发事件案例和协调关系应对等显性和隐性知识，独立对该公司该月的账务进行处理。徒弟独自完成一个月的企业会计核算，处理大约 150 笔账务，日均 30 笔。核算业务包括：辨别各类原始凭证、填制记账凭证、编制科目汇总表、记账、对账、出具

财务报告、装订存档、开具增值税发票、纳税申报等操作。在此同时，自己作为公司的会计，对财务部门发生的其他事件进行处理，比如：公司领导要求粉饰财务业务，非正常程序入账；违规报销业务处理；与其他部门的业务往来及人际沟通；与外单位和上级机关单位的业务往来事务的处理。

在此阶段的实验教学中，师傅主要只发挥顾问和监督作用，对徒弟出现的问题进行提示和点拨。在此阶段结束之后，师傅对徒弟进行评价，包括徒弟的账务处理能力、突发事件的处理能力、人际关系的处理能力、独立创新能力、胜任能力等进行综合的考核评价。对发现的问题进行教导和总结经验，以便于在下一环节的实验教学当中进行改进和提高。

第三阶段，2021 年 1 月 31 日—2 月 20 日，实验对象在审计部进行所得税汇算清缴的师徒制培训。本阶段的实验是师傅带徒弟进行所得税汇算清缴的工作。所得税汇算清缴的工作是我国税务审计的重要组成部分，也是事务所的每年重要的业务。每个师傅都是有执业资格的注册税务师，在此阶段的实验当中会带徒弟到企业进行业务的接洽。师傅把自己的业务作为徒弟的实验教材。师傅教徒弟进行分工合作，对 50 个客户的账目进行税务审计，处理底稿，协助完成所得税汇算清缴鉴证报告，并将底稿归档。所得税汇算清缴的工作要求出外勤，因此师傅会带徒弟在企业出外勤处理相关工作，并由徒弟协助师傅顺利完成此项外勤工作。师傅教授徒弟与客户进行纳税与调整的沟通，徒弟在此过程中会学到如何跟客户进行有关纳税事项的接洽，以及在税审过程当中出现企业不合规的账务问题时，应如何进行调整。师傅带徒弟到各税务分局进行业务沟通和交流。如果涉及税务机关提出额外纳税要求的约谈，作为税务审计人员代表企业一方，应该如何应对、如何协调关系等。

在此阶段的实验中，师傅除了传授所得税汇算清缴相关工作过硬的财税专业知识之外，还同时在税务约谈、企业出外勤的实践工作当中，作为一个经验丰富的知识传导者，将税审有关的显性知识和隐性知识通过实践顺利地传达给徒弟。

第四阶段，2021年2月21日—3月8日，财务风险管理和项目投资咨询业务培训。由于有了第一、二阶段会计和财务管理核算的会计专业基础知识和第三阶段所得税汇算清缴的训练，第四阶段进行的是企业财务管理和项目投资的咨询服务，是财经各方面能力的综合体现。本实验环节是师傅带徒弟到企业进行财务管理业务的约谈，业务的内容广泛，如工商、税务、项目投资、财税审计、财务培训、税收筹划、管理咨询、知识财产权、政府补贴、贷款、投融资、新三板辅导、理账调账等方面，徒弟在此过程学到的专业知识和综合知识都很多。师傅也会带徒弟了解求和面临的客户的需求和困境，对项目进行各种市场、行业、宏观及微观的分析。例如，进行技术的计算和分析，得出最优的方案，协助企业落实方案；协助企业解决方案实施中的各种难题，促成项目的完成。整个实验过程由师傅带徒弟约见客户，约谈业务，再进行项目的落实、实施和结束。

此阶段的训练不但有会计方面的专业知识，还涉及工商、税收、筹资、投资、证券、金融等全方位的知识，并且此环节的师带徒传授的显性知识和隐性知识也非常全面。可见，师徒制是培养会计人员综合素质的良好方式。

（3）对照组的实习情况说明。

对照组是按传统的方法实习，首先30个学生自己找实习单位，并在单位跟着上级或资深的同事学习，有些公司也有新进员工的入职前培训。对照组的学生在实习单位从事的工种大约有会计、出纳、收银员、会计文员等，基本上与会计专业相关。在实习单位实习可以预先熟悉和适应工作环境，对学生将来的就业有一定的帮助。对于会计专业知识和综合能力的培养就没有专人专业的指导，有个别可以跟上级学习工作岗位的技能，有的在实习过程中遇到问题会请教同事，更多时候是自己应对。所以对照组两个月的实习过程都在自然的实习状态中完成，没有师徒制培养模式的影响因素。

4. 实验后测

实验后测对实验组与对照组是否存在差异性进行检验，对会计技能（团队合作能力、解决问题能力、沟通协调能力、抗压应对能力和人际交流能力5个指标)、会计知识(包括企业系统知识、财务会计及报告知识、成本会计知识、纳税管理知识、财税软件知识和法律知识6个指标)和会计综合素质(包括客观、公正、守法、终身学习和社会责任及公益5个指标)3个方面能力进行测试，并且把两个组的16项指标测试的结果进行独立样本T检验。

表4-26　后测的项目及相关情况表

一级指标	二级指标	测试项目	时间、地点、评分标准
1. 会计技能	1.1　团队合作能力	测试卷(见附录三)	测试时间2021年3月8日
	1.2　协调与沟通能力		
	1.3　解决问题能力		
	1.4　抗压应对能力		
	1.5　人际交流能力		
2. 会计知识	2.1　企业系统知识	账套及报税系统(见附录七、附录八)	测试地点：汕尾职业技术学院电教大楼107
	2.2　财务会计及报告知识		
	2.3　成本会计知识		
	2.4　财税软件知识		
	2.5　纳税管理知识		
	2.6　法律知识		
3. 会计综合素质	3.1　客观	测试卷(见附录六)	测试师傅评分(按表4-15会计人员能力评价指标体系评分量表)
	3.2　公正		
	3.3　守法		
	3.4　终身学习		
	3.5　社会责任及公益		

表4-27 实验后研究对象各指标独立样本T检验

指标		实验组	对照组	P
一级指标	二级指标	(M±SD)	(M±SD)	
1. 会计技能	1.1 团队合作能力	4.39±0.08	3.15±0.11	0.000
	1.2 解决问题能力	6.28±0.11	4.90±0.14	0.000
	1.3 沟通协调能力	6.41±0.12	5.23±0.09	0.000
	1.4 抗压应对能力	4.22±0.09	3.39±0.13	0.000
	1.5 人际交流能力	6.65±0.14	4.62±0.18	0.000
2. 会计知识	2.1 企业系统知识	4.51±0.13	4.00±0.20	0.000
	2.2 财务会计及报告	6.63±0.06	4.58±0.21	0.000
	2.3 成本会计知识	6.50±0.17	4.36±0.15	0.000
	2.4 财税软件知识	6.35±0.12	3.94±0.17	0.000
	2.5 纳税管理	6.56±0.16	4.29±0.10	0.000
	2.6 法律知识	4.60±0.08	4.00±0.15	0.009
3. 会计综合素质	3.1 客观	6.01±0.11	5.01±0.12	0.000
	3.2 公正	4.51±0.09	3.44±0.14	0.000
	3.3 守法	6.30±0.15	5.02±0.17	0.000
	3.4 终身学习	4.45±0.12	4.06±0.12	0.000
	3.5 社会责任及公益	5.75±0.13	3.80±0.14	0.000
总分		90.12±0.81	67.79±0.48	0.000

注：$P<0.05$ 表示检验变量之间差异显著，$P<0.01$ 表示检验变量之间差异非常显著，$P<0.001$ 表示检验变量之间差异极其显著。

由表4-27得知，实验后测研究对象在会计技能、会计知识、会计综合素质3个维度、16个指标均有极其显著性差异。实验后会计技能维度，团队合作能力、解决问题能力、沟通协调能力、抗压应对能力和人际交流能力各指标中，对实验组与对照组结果分析如下：实验组平均分分别为4.39、6.28、6.41、4.22、6.65，对照组平均分分别为3.15、4.90、5.23、3.39、4.62，经过T检验，P值均为0.000，由此表明各指标有极其显著的差异（$P<0.001$）。实验后在会计知识维度，企业系统知识、财务会计及报告知识、成本会计知识、纳税管

理知识、财税软件知识和法律知识各指标中，实验组平均分分别为4.51、6.63、6.50、6.35、6.56、4.60，对照组平均分分别为4.00、4.58、4.36、3.94、4.29、4.00。经过T检验，P值除了法律知识一项外，P值均为0.000；由此表明，各指标有极其显著的差异（P<0.001）。法律知识P值为0.009，表示检验变量之间差异显著。实验后在会计综合素质维度，客观、公正、守法、终身学习和社会责任及公益各指标中，实验组平均分分别为6.01、4.51、6.30、4.45、5.75，对照组平均分分别为5.01、3.44、5.02、4.06、3.80，经过T检验，P值均为0.000；由此表明各指标有极其显著的差异（P<0.001）。实验组总分90.12分，对照组总分67.79分，P值0.000（P<0.001），有极其显著的差异。由此证明师徒制对高职会计学生知识转移有显著的影响。

4.3.4 实验结果的对比分析讨论与结论

1. 实验组和对照组在二级指标实验前后的测试对比

经过T检验，实验组和对照组在二级指标实验前后的测试结果对比见表4-28。

表4-28 实验前后各指标的配对样本T检验

指标	实验组			对照组		
	实验前	实验后	P	实验前	实验后	P
1.1	2.82±0.16	4.39±0.08	0.000	2.97±0.15	3.15±0.11	0.486
1.2	4.54±0.18	6.28±0.11	0.000	4.47±0.23	4.90±0.14	0.245
1.3	5.13±0.19	6.41±0.12	0.000	5.10±0.11	5.23±0.09	0.216
1.4	3.19±0.17	4.22±0.09	0.000	3.32±0.14	3.39±0.13	0.179
1.5	4.45±0.21	6.65±0.14	0.000	4.52±0.16	4.62±0.18	0.389
2.1	3.58±0.16	4.51±0.13	0.000	3.69±0.16	4.00±0.20	0.542
2.2	4.15±0.23	6.63±0.06	0.000	4.26±0.18	4.58±0.21	0.867
2.3	3.79±0.15	6.50±0.17	0.000	3.92±0.20	4.36±0.15	0.798

（续上表）

指标	实验组			对照组		
	实验前	实验后	P	实验前	实验后	P
2.4	3.65 ±2.1	6.35 ±0.12	0.00	3.63 ±0.17	3.94 ±0.17	0.698
2.5	3.53 ±0.19	6.56 ±0.16	0.00	3.63 ±0.14	4.29 ±0.10	0.895
2.6	3.67 ±0.18	4.60 ±0.08	0.00	3.35 ±0.22	4.00 ±0.15	0.124
3.1	4.67 ±0.20	6.01 ±0.11	0.00	4.54 ±0.12	5.01 ±0.12	0.673
3.2	3.30 ±0.13	4.51 ±0.09	0.00	3.43 ±0.14	3.44 ±0.14	0.012
3.3	4.46 ±0.17	6.30 ±0.15	0.00	4.47 ±0.11	5.02 ±0.17	0.815
3.4	3.58 ±0.12	4.45 ±0.12	0.00	3.54 ±0.17	4.06 ±0.12	0.609
3.5	3.19 ±0.13	5.75 ±0.13	0.000	3.21 ±0.15	3.80 ±0.14	0.345

注：P<0.05 表示检验变量之间差异显著，P<0.01 表示检验变量之间差异非常显著，P<0.001 表示检验变量之间差异极其显著。

2. 分析讨论

（1）团队合作能力。从数据来看，实验组实验前测得分是 2.82 分，实验后测得分是 4.39 分，提高了 56%，P 值小于 0.001，表示检验变量之间差异极其显著。对照组实验前测得分是 2.97 分，实验后测是 3.15 分，提高了 6%，P 值为 0.486，表示检验变量之间差异不显著。由此可以看出，师徒制对实验对象的培训有很多团队合作能力的训练，比如实验组对一个企业的所得税汇算清缴报告的工作底稿的完成，就需要多个徒弟合作，共同完成 100 项企业税审报告。这对于实验对象来说是一个学习会计专业知识和锻炼团队合作能力的机会。同时，该培训项目师傅除了传授徒弟显性知识之外，也传授和培养了徒弟的团队合作的相关隐性知识。对照组此方面的能力提高不显著，因为对照组成员在实习单位多数是单独去完成一项简单的工作，遇到不懂的问题去请教一下上级，上级也没有专门系统地培养其团队合作能力。由以上的对比我们明显得出，师徒制培养模式对此指标有显著的效果。

（2）解决问题能力。从数据来看，实验组实验前测是 4.54 分，

实验后测是6.28分，提高了38%，P值小于0.001，表示检验量数之间差异极其显著。对照组实验前测是4.47分，实验后测是4.90分，提高了9%，P值为0.245，表示检验变量之间差异不显著。实验组在实行师徒制的培训后，解决问题能力显著增强，因为师傅在培训的过程当中对会计各种业务类型进行悉心教导，徒弟的专业知识和综合知识增长迅速，徒弟的自信心加强，能胜任工作当中遇到的问题，也有解决能力。对照组虽然没有专门的师傅进行专业的指导，但毕竟也参加了实践工作，在工作中学习，在解决问题能力方面也有所提高，但提高的百分比远远低于实验组。实验结果表明，师徒制有助于会计学生提高解决问题能力。

（3）沟通协调能力。从数据来看，实验组实验前测是5.13分，实验后测是6.41分，提高了25%，P值小于0.001，表示检验变量之间差异极其显著。对照组实验前测是5.10分，实验后测是5.23分，提高了3%，P值为0.216，表示检验变量之间差异不显著。实验组在两个月的师徒制训练当中，会依次在几个部门从事不同的会计工作，跟师傅进行财务会计核算、税审工作、财务风险管理和项目投资业务。学生除了和本部门的同事沟通，也会同外界更多的企业和行政单位的人员沟通，在协调与沟通能力上会学到师傅在该方面的很多技巧，因此效果显著。对照组在协调与沟通能力在没有师徒制的教育培训之下自由发展，所以效果显著低于实验组。

（4）抗压应对能力。从数据来看，实验组实验前测是3.19分，实验后测是4.22分，提高了33%，P值小于0.001，表示检验量数之间差异极其显著。对照组实验前测是3.32分，实验后测是3.39分，提高了3%，P值为0.179，表示检验变量之间差异不显著。师徒制的培训里加入了各种突发的事件来锻炼徒弟的应变能力和合理安排处事的能力。故此实验组的学生在师傅的带领和教导下应对压力及合理安排的能力显著提高。对照组在应对压力及合理安排能力方面提高的百分比比前面的几个指标要高。很明显，徒弟到社会上工作后，遇到的突发事件比在学校里遇到的增多了，所以应变能力和合理安排事情能力都会增强，因此，实行了师徒制的教育模式对此项能力的提高效果

还是相对显著的。

（5）人际交流能力。从数据来看，实验组实验前测是4.45分，实验后测是6.66分，提高了50%，P值小于0.001，表示检验变量之间差异极其显著。对照组实验前测是4.52分，实验后测是4.62分，提高了2%，P值为0.389，表示检验变量之间差异不显著。由于实验师徒制教学大纲里制订了师傅带徒弟出去接洽业务、出外勤、和税务局等单位座谈等工作，实际上是用师傅的言传身教来教徒弟如何处理各种业务类型和关系，这属于隐性知识的传授，实验比较成功，效果显著。

（6）企业系统知识。从数据来看，实验组实验前测是3.58分，实验后测是4.51分，提高了26%，P值小于0.001，表示检验变量之间的差异极其显著。对照组实验前测是3.69分，实验后测是4.00分，提高8%，P值为0.542，表示检验变量之间差异不显著。实验组的企业信息系统知识提高了26%，而对照组提高率为8%，相差18%，虽然有差距但差距较其他指标要小一些。这说明了一个问题，就是在企业信息系统知识方面，由于徒弟改变了学习的环境，由学校到企业，实习期间都在企业，所以每天都会接触到企业的咨询系统知识，这个指标的提高是必然的。但是即便如此，使用师徒制教育模式的实验组在此项知识能力的提高也是优胜于对照组。

（7）财务会计及报告知识。该指标是会计专业知识最重要的指标。从数据来看，实验组实验前测是4.15分，实验后测是6.63分，提高了60%，P值小于0.001，表示检验变量之间差异极其显著。对照组实验前测是4.26分，实验后测是4.58分，提高了8%，P值为0.867，表示检验量数之间差异不显著。实验组第一阶段的基本培训任务就是财务会计的核算，所以，该阶段中师傅除了教会徒弟过硬的财务会计的专业知识外，对会计的职业道德教育也是在指导当中潜移默化传递给徒弟，所以该指标的提高比率非常理想，达到60%。这体现了师傅顺利地将财务会计的显性知识和隐性知识同时通过师徒制的教育模式有效地转移给徒弟。相对而言，对照组的进步较实验组小得多，因为会计是一门技术活，由师傅将知识和经验传授给徒弟，比徒弟自己摸索的进步要快、效果要好。由此看来，财务会计与报告知识

的提升还是采用师带徒的方式效果显著。

（8）成本会计知识。从数据来看，实验组实验前测是3.79分，实验后测是6.50分，提高了72%，P值小于0.001，表示检验变量之间差异极其显著。对照组实验前测是3.92分，实验后测是4.36分，提高了11%，P值为0.798，表示检验变量之间差异不显著。成本会计知识对于所有徒弟来说是很难又很复杂的知识，在学校学习理论时很难真正掌握，故此，实验组和对照组在实验前测的成绩都很低。而在本实验中，实验组通过师傅对企业真实成本会计的业务进行的账务处理和核算，传授徒弟如何做好成本会计核算的诀窍。经过有效的培训，实验组在实验后测中突飞猛进，此指标的提高率为72%。反观对照组，因为前测时成本会计成绩偏低，以前学生在学校中学到的都是理论知识，即使现在实习有真实的案例的锻炼，对照组自己观摩学习也有提高，但提高的比率远远低于实验组。

（9）财税软件知识。该指标是会计专业知识重要的指标之一。从数据来看，实验组实验前测是3.65分，实验后测是6.35分，提高了74%，P值小于0.001，表示检验变量之间差异极其显著。对照组实验前测是3.63分，实验后测是3.94分，提高了9%，P值为0.698，表示检验变量之间差异不显著。实验组在通过师徒制的教育模式的培训后，效果非常显著，提高了74%，这说明了师徒制对会计的专业知识的转移是非常有效的。徒弟在师傅的指导下对财务和管理软件的显性知识的获得令人满意。对照组在工作岗位由于用该软件的次数增多，也有不同程度的进步，但总体来讲效果远不及实验组。

（10）纳税管理知识。从数据来看，实验组实验前测是3.53分，实验后测是6.56分，增长了86%，P值小于0.001，表示检验变量之间差异极其显著。对照组实验前测是3.63分，实验后测是4.29分，提高了18%，P值为0.895，表示检验变量之间差异不显著。让我们惊奇的是，实验组在为纳税管理方面提高了86%，究其原因，是师徒制的培训大纲里除了有企业每个月的增值税的账务处理、税款的计算和完税等知识。最重要的还是，在第二阶段的所得税汇算清缴培训中，师傅带着徒弟完成50家企业的所得税汇算清缴报告，业务当中

涉及我国所有的税种，实验组此项业务由于工作中师傅的讲解和练习多，故有相当大的提高。由此证明师徒制会计学生纳税管理方面知识转移效果极其显著。

（11）法律知识。从数据来看，实验组实验前测是3.67分，实验后测是4.60分，提高了25%，P值0.000，表示检验变量之间差异极其显著。对照组实验前测是3.35分，实验后测是4.00分，提高了19%，P值为0.124，表示检验变量之间差异不显著。法律指标方面实验组和对照组都有不同程度的提高，实验组在这个指标的增长率虽然不及其他指标的提高迅速，这是因为法律指标和公共指标，而并非会计专业指标，实验组25%的提高率也表现出显著的效果。

（12）客观。从数据来看，实验组实验前测是4.67分，实验后测是6.01分，提高了29%，P小于0.001，表示检验变量之间差异极其显著。对照组实验前测是4.45分，实验后测是5.01分，提高了10%，P值为0.673，表示检验变量之间差异不显著。

（13）公正。从数据来看，实验组实验前测是3.30分，实验后测是4.51分，提高了37%，P小于0.001，表示检验变量之间差异极其显著。对照组实验前测是3.43分，实验后测是3.44分，提高了2%，P值为0.912，表示检验变量之间差异不显著。

（14）守法。从数据来看，实验组实验前测是4.46分，实验后测是6.30分，提高了41%，P小于0.001，表示检验变量之间差异极其显著。对照组实验前测是4.47分，实验后测是5.01分，提高了12%，P值为0.815，表示检验变量之间差异不显著。由于会计师徒制的培养模式主要是通过师傅的榜样的作用来教导徒弟，这种学习模式对隐性知识的传授来说是最好的方式，在教学大纲里安排了许多关于职业道德的培养内容，还有两个月来师傅自己坚守的职业道德也是徒弟学习的榜样，故此这3个指标在实验后都有极其显著的效果。对照组由于没有专业的培训，且一般公司只注重工作的效率和业绩，比较少关心员工的职业道德，因此主要是受到职业操守高的上级或比较接近同事的影响，又或者自身自觉的学习会提高一点，但提高率和速度不如实验组理想。

（15）终身学习。从数据来看，实验组实验前测是3.58分，实验

后测是4.45分，提高了24%，P小于0.001，表示检验变量之间差异极其显著。对照组实验前测是3.54分，实验后测是4.06分，提高了15%，P值为0.609，表示检验变量之间差异不显著。实验组在第三跟第四阶段的培训是学生在学校是都没有接触过的领域的知识。尤其是第四阶段的财务风险管理和项目投资咨询业务，徒弟要协助师傅跟进整个项目的发展，并做好相关的工作。这其中除了有会计的专业知识，更多的是其他专业的知识。因此，学生除了请教师傅之外，自己还要更新和补充学习涉及各方面的知识，如此便养成了终身学习的习惯。所以该指标实验组的成绩高于对照组。

（16）社会责任及公益。从数据来看，实验组实验前测是3.19分，实验后测是5.75分，提高了80%，P小于0.001，表示检验变量之间差异极其显著。对照组实验前测是3.21分，实验后测是3.80分，提高了18%，P值为0.345，表示检验变量之间差异不显著。在关注公众利益和社会责任这一指标上，在研究对象是学生时，对该方面的认识不多；当其进入社会工作后，会被要求要有社会责任感。故此在师徒制的教育大纲的设计里会让师傅在日常指导进行社会责任感的相关教育，比如在第三阶段培训中，在策划的财务方案的可行性上除了考虑经济利益，也要考虑社会公众利益，当两者有冲突时，会先选择社会公众利益。对照组的研究对象也是从学校走进社会，在社会公众利益方面也有进步，但缺乏有效的专业训练，在此方面的提高较实验组差。

3. 结论

根据前述的研究和分析讨论，本研究得出以下结论：

第一，实验证明师徒制对高职会计专业毕业生的实习阶段知识转移有显著的效果。

（1）师徒制对高职会计专业毕业生的财务会计的核算、账务处理和出具财务报告等显性知识有着极其显著的效果。

（2）师徒制对高职会计专业毕业生的会计职业道德、终身学习能力、关注公众利益和社会责任等隐性知识的专业有着极其显著的效果。

第二，师徒制教育模式对实验对象的会计技能、会计知识、会计

综合素质 3 个方面能力的提高效果显著。

（1）师徒制教育模式能提高高职会计学生的会计技能。

（2）师徒制教育模式能提高高职会计学生的会计知识。

（3）师徒制教育模式能提高高职会计学生的会计综合素质。

4.4　本章小结

本章分为 3 个部分对数据进行了分析。

第一部分：用目的性抽样方法选择跟会计行业相关 15 名被访者组成访谈组，采用半结构的访谈方式进行访谈。深度访谈分在同一天分上下午两场进行。第一次访谈首先由主持人进行开场白之后，让每一位受访者按自己的理解对这三种教学模式的优缺点进行评论。发放表格让 15 位受访者对以上 3 种教育模式进行排序；排序完毕，双方一起讨论序位的评分标准。通过计算得出，出师徒制教育模式是解决会计毕业生所具备的知识与企业招聘人才需求的供需脱节问题的最佳培养模式。

第二部分：用德尔菲法，请 19 位专家对笔者拟定的会计人员能力指标的 3 个一级指标和 18 个二级指标进行问卷修正和文字修改；最终达成了一致的结果，形成了会计人员能力指标体系，共 3 个一级指标和 16 个二级指标。在此过程中通过发放两轮问卷给专家，专家组经过两轮的问卷对指标进行打分、文字修改等，最终意见达成一致，形成了会计人员能力评价指标体系及评分量表。其后对量表进行信效度分析，为下一步的研究打下基础。

第三部分：用实验法，将研究对象汕尾职业技术学院 192 会计 1 班会计专业毕业实习生随机分成实验组和对照组，每组各 30 人。在实验组实行师徒制的教育培训模式，对实验组的学生进行为期两个月的培训。根据德尔菲法得出的会计人员能力指标体系评分量表对所有研究对象进行前后测，并对各指标进行独立样本 T 检验。最后对测试的结果进行讨论和分析得出最终结论。实验证明师徒制教育培养模式对会计专业学生知识转移的有效性。

第五章 | 结论与建议

5.1　基本结论

本文经过以上章节的分析讨论，本文提出的3个研究目标全部完成，并根据研究得出基本结论，具体如下。

5.1.1　深度访谈得出师徒制是最佳的问题解决模式

针对高职会计专业毕业生就业的供需矛盾，各高职院校纷纷出台并实施各种改进的教学方法，务求培养对企业胃口的会计人才。其中，以实训基地教育模式、校企合作教育模式、师徒制教育模式3种模式为主流。笔者根据多年从事会计的工作经验，结合在校教学以及带学生进行财务会计实训的经验，认为师徒制是最有效的解决办法。

为了验证该观点，笔者决定使用深度访谈的方法，对此3种模式进行两次深度访谈。第一次由主持人做开场白，交代具体的问题后，由被访问者轮流发言和讨论。访谈的过程、内容和结果由专人进行录音和笔录。第二场访谈在第一场的基础上定出评分标准，并用该标准进行排序，得出师徒制是解决问题的最佳教学模式。

5.1.2　德尔菲法得出会计人员能力指标体系为评分依据

要证实师徒制对会计专业毕业生知识转移的有效性，首先要有一个可靠的评分标准。德尔菲法最大的特点是创建了一个匿名的思想交流过程。它本身适用于缺少文献资料和历史数据又偏向主观定性的方法。本研究课题比较新颖，尤其是目前还没有针对高职会计学生的会计技能、会计知识、会计综合素质等方面的指标体系。本研究采用文献分析法并结合笔者多年的会计工作及教育经验，在跟事务所同事、财税机关人员、企业会计资深人员以及高校的财经教师进行个别访谈之后，初步确定会计人员能力评价指标体系。再采用德尔菲法进行匿名的思想交流，汇总专家的共同看法，经过两轮专家权重的打分，意见趋于一致，形成一个科学而有公信力的会计人员能力指标体系及评

分量表，并对之进行信效度分析，为下一步研究打下基础。

5.1.3 实验法验证师徒制对知识转移的有效性

实验随机抽取了汕尾职业技术学院192会计1班为我们的研究对象。将192会计1班用不重复的随机抽取方法抽出30名学生为实验组，另外的30名学生为对照组。实验组为30人，平均分为6小组，每个小组由一名资深的会计师作为师傅。然后，对实验组和对照组进行实验前的测量，从会计技能、会计知识和会计综合素质3个维度进行测试，前测的结果显示，实验组与对照组各指标之间均无差异，属于同质样本，为本研究的开展奠定了基础。

2021年1月9日—31日，为第一、二阶段的实验训练，着重对研究对象的会计核算和财务管理能力进行师带徒的指导。2021年1月31日—2月20日为实验的第三阶段，实验对象在审计部，进行所得税汇算清缴师徒制培训。2021年2月21日—3月8日为实验的第四阶段，财务风险管理和项目投资咨询业务培训。实验后实验组与对照组进行后测，对会计技能、会计知识和会计综合素质3个维度进行测试，首先实验组和对照组在三维度后测的各指标有显著的差异。其次实验组16个指标均有极其显著的差异，而对照组各指标前后差异不显著。由此证明师徒制对高职会计学生的知识转移有显著成效。

根据上述的研究和分析讨论，本研究得出以下结论：

第一，实验证明师徒制对高职会计专业毕业生的实习阶段知识转移有显著的效果。

（1）师徒制对高职会计专业毕业生的财务会计的核算、账务处理和出具财务报告等显性知识的转移有着极其显著的效果。

（2）师徒制对高职会计专业毕业生的会计职业道德、终身的学习能力、关注公众利益和社会责任等隐性知识的转移有着极其显著的效果。

第二，师徒制教育模式对实验对象的会计技能、会计知识、会计综合素质3个方面能力提高效果显著。

（1）师徒制教育模式能提高高职会计毕业生的会计技能。

（2）师徒制教育模式能提高高职会计毕业生的会计知识。

（3）师徒制教育模式能提高高职会计毕业生的会计综合素质。

5.2 对汕尾职业技术学院的建议

根据本文的研究成果，现在对汕尾职业技术学院会计专业提出以下几点建议：

1. 在高职会计专业学生毕业实习阶段实行师徒制教学模式

汕尾职业技术学院的会计专业毕业生在毕业之后的第一次就业很难找到会计岗位，为了谋生，他们大多数会选择文员、跟单等技术能力要求不高的职业。以后从事会计行业的机会率很低。这对汕尾职业技术学院来说是浪费资源，长此以往会对会计专业的招生带来困难。因为会计工作是个技术活，高职学生在文化基础和学习等方面本来就不如本科生，所以他们迫切地需要师傅的会计实操知识的传递和教导。在学校的教学当中采用大班制教学，学校老师的教学又多以理论为主。故此，在学生毕业实习的阶段加入师徒制教学模式，可以弥补学生在校学习的不足。

师徒制主要有以下的优点。第一，师傅所教的徒弟人数比较少，师傅有更多的精力照顾到徒弟的需要。第二，师傅教徒弟的都是会计岗位的实践知识，和学校的理论教育相结合，对学生的专业成长更有利。第三，师傅的隐性知识和行业经验也可以传授给徒弟。第四，师傅在行业的人脉对徒弟来说是宝贵的资源。

综上所述，汕尾职业技术学院在会计专业毕业生的实习阶段实行师徒制的教育模式对学院教育、招生、会计专业和学生各方的发展都非常有利。

2. 实习期间分成三阶段侧重不同的会计知识进行培养

基于本研究的实验，师徒制对高职会计专业毕业生知识转移的有效影响。其中我们会看到，实验大纲里对师徒制的教学内容进行了阶段性的划分，而且是根据企业会计岗位对人才的要求和笔者多年的会

计行业经验来制订的，可以从实验的成功中证实。实习期间师带徒的教学应该分阶段有侧重点地进行。

第一、二阶段针对是会计核算和财务管理能力进行师带徒的指导。从填写凭证开始，登账、对账、出报告、进行纳税申报。在这两个阶段的实验教学是会计人员必须具备的专业知识。

第三阶段，实验对象在审计部进行所得税汇算清缴师徒制培训。此阶段的实验是师傅带徒弟进行所得税汇算清缴的工作。所得税汇算清缴的工作是我国税务审计的重要组成部分，也是事务所每年的重要业务。此阶段的实验中，师傅除了传授所得税汇算清缴有关工作过硬的财税专业知识之外，还同时在税务约谈和企业出外勤的实践工作当中，作为一个经验丰富的知识传导者，将税审有关的显性和隐性知识通过实践顺利地传达给徒弟。

第四阶段，财务风险管理和项目投资咨询业务培训。由于有了此前阶段的会计和财务管理核算的专业基础知识和所得税汇算清缴的训练，这一阶段进行的企业财务管理和项目投资的咨询服务，是财经各方面能力的综合体现。此阶段的训练不但需要会计方法的专业知识，还涉及工商、税收、筹资、投资、证券、金融等全方位的财经知识，并且此环节的师带徒传授的显性和隐性知识也非常全面，是提高会计人员综合素质良好的培养方式。

3. 在对学生进行显性知识转移的同时注重隐性知识转移

会计专业的知识可以分为显性和隐性知识，其中比较隐秘和高度个体化的知识为隐性知识，很难向他人转移。隐性知识可以是技术技能上的复制，也可以是不能言传和演示的知识。这类型的知识在会计专业里如会计行业的规则、人际关系的处理、职业操守等很难通过上课的形式来传授。而这些知识又都是会计行业职场所必须具备的。

基于汕尾职业技术学院高职会计专业毕业生在校学习到的会计知识几乎全部都是显性理论知识，故此，若要提高学生的会计岗位就业能力，除了传授会计核算和财务管理的显性专业知识之外，更重要的是本实验中设计的一些不确定性业务，包括突发事件、协调环境、会计部门及公司各部门人事的协调，和政府部门的人际沟通等传授隐性

知识的培训。比如行业中有人授意要做假账、偷税漏税等，师傅如何处理。在公司的内部业务处理当中，发现其他部门的报销违规，该走什么程序上报处理。当公司的领导授意财务人员对账目进行粉饰，会计人员如何回绝。当和自己较好的同事授意串通谋私，徒弟应如何防范与处理。在和其他公司的业务联系里，比如对方提出的合作方案利润率很高，但有违社会公益应如何处理。在和工商税务、政府机关的办公人员业务往来方式非常事件，如何应对得体。会计的职业道德是公司文化和会计职业文化里不可或缺的一部分，这部分知识在学校平时的教学中很难传授。在师徒制的实验教学当中，师傅的言行、待人处事的方式都会潜移默化地影响着徒弟。师徒的楷模作用是传授隐性知识最好的身教。

本研究通过实验证实了师徒制能顺利地将显性知识和隐性知识同时转移给徒弟，徒弟通过此过程的学习能迅速有效地接受师傅传授的显性和隐性知识。故此，建议汕尾职业技术学院在对学生进行显性知识转移的同时注重隐性知识转移。

5.3 后续研究

本研究以汕尾职业技术学院会计毕业实习生为例，探讨高职会计专业的毕业生在校所学知识和用人单位的需求脱节问题，如何在此阶段用师徒制教学模式去解决问题。汕尾职业技术学院是在国家大力发展职业教育的背景下升格的高职院校，此案例具有代表性。实验的结论可供广东省及全国相关院校参考，对会计专业的教育有实践的价值。

本次实验对象是汕尾职业技术学院会计专业192会计1班60名学生，在其中随机抽取30人作为实验组。本实验是随机选班，随机选学生作为实验组，样本的数量达到了实验法的要求。此实验比较严谨，可以应用于实践中。

实验只针对高职毕业生在毕业实习的阶段进行师徒制的教育模式

的培训，旨在提高学生的会计技能、会计知识、会计综合素质等方的能力。待学生在毕业实习结束后真正步入会计行业，笔者将进一步跟进学生从事会计行业真正的胜任能力。

表 5 -1　柯派崔克培训与发展四级评估表

层次	过程	意义	评估方法	评估单位	阶段时间
反应	学习过程	衡量受训者对培训的喜好程度	问卷调查、面谈、观察、综合座谈	培训单位	课程进行
学习	学习过程	衡量受训者对培训内容有关原理及事实的吸收了解度	学习、测验、问卷调查、模拟练习、角色扮演、座谈、体会心得报告	培训单位	课程结束
行为	行为转变过程	衡量受训者于培训后在工作上的改变是否因培训所导致	主管的绩效评估、同事的绩效评估、顾客的绩效评估	学员的单位主管	3 个月后或现行绩效追踪
结果	行为转变过程	衡量培训有否能够促进组织业绩增加	个人绩效与组织业绩的指标、质量、成本效益、事故率、流失率、士气	学员的单位主管	一年、半年或现行业绩追踪

[资料来源：整理自延金平（2010：118）和陈胜军（2010：147）。]

表 5 -1 是按照柯派崔克（Kirk Patrick，1996）培训与发展成果 4 个准则而整理出来的系统表，从表中可以对培训与发展的四级评估有总体的把握。本研究的实验跟踪只维持在学生毕业实习的两个月，效果虽然极为显著，学生在师傅的指导下有了行为层次的改变；但要进一步了解学生毕业后是否能从事会计工作，就业率是多少，以及毕业生在单位会计岗位上是否能胜任，应该做出进一步的跟踪调查研究。

笔者拟定对下一届的毕业生进行研究，跟踪研究的时间为学生实习期加毕业后的一年时间，实验期间共一年半，实习和就业初期实行师徒制教育培养模式。结果由师傅，用人单位进行评估，进一步验证师徒制在学生实习和从事会计行业的初期对知识转移的影响。

附录一　德尔菲法第一轮问卷

尊敬的专家：

您好！

我是汕尾职业技术学院的罗妙华，现因撰写专著《师徒制对会计专业学生知识转移的研究》，采用德尔菲法，需要专家您的帮助。笔者通过查看文献并结合多年的会计工作与教育经验，在与事务所及高校教师等同行个别访谈之后，制作了“会计人员能力评价指标体系量表”。

请您对本次调查问卷评价指标进行勾选打分，并对一些指标提出修正意见。例如，如果您认为“团队合作能力”这一指标的适当程度为6，则在数值6下方的空格中打“√”，并在修正意见中填写。

请您在百忙之中抽出时间给予填写。对这些问题将占用您宝贵时间表示歉意。诚挚感谢您的帮助和支持。

基本信息

（1）您的职称是：（　　）

A. 正高　　B. 副高　　C. 中级　　D. 初级

（2）您的学历是：（　　）

A. 博士　　B. 硕士　　C. 本科　　D. 专科

（3）您的工龄是：（　　）

A. 30年以上　　B. 20～30年　　C. 10～20年　　D. 10年以下

（4）您认为理论分析对您的判断的影响程度：（　　）

A. 大　　B. 中　　C. 小

（5）您认为实践经验对您的判断的影响程度：（　　）

A. 大　　B. 中　　C. 小

（6）您认为直觉感官对您的判断的影响程度：（　　）

A. 大　　B. 中　　C. 小

（7）您认为国内外同行的了解对您的判断的影响程度：(　　)

A. 大　　　B. 中　　　C. 小

（8）您对核心素养的熟悉程度：(　　)

A. 很熟悉　　B. 熟悉　　C. 较熟悉　　D. 一般

E. 较不熟悉　　F. 很不熟悉

会计人员能力评价指标体系量表

一级指标	二级指标	指标内涵	指标内涵对二级指标表述的适当程度									
1. 会计技能	1.1 团队合作能力	要求每位成员在团队当中除了拥有个人的能力外，更重要的是与团队中其他成员默契地配合，达成团队的目标	1	2	3	4	5	6	7	8	9	10
	修正意见											
	1.2 沟通协调能力	善于与公司中不同部门和不同级别的人员在相关的工作中进行有效协调交流，也可谓之协调变通的能力	1	2	3	4	5	6	7	8	9	10
	修正意见											
	1.3 解决问题能力	运用观念、规则、一定的程序方法等对客观问题进行分析并提出解决方案	1	2	3	4	5	6	7	8	9	10
	修正意见											

（续上表）

一级指标	二级指标	指标内涵	指标内涵对二级指标表述的适当程度									
1. 会计技能	1.4 抗压应对能力	意识到压力的存在，正确分析压力的来源后，寻求解决压力的合理办法	1	2	3	4	5	6	7	8	9	10
	修正意见											
	1.5 人际交流能力	包括表达能力、倾听能力和设计能力。这实际上是个人素质的重要体现，关系着一个人的知识、能力和品德	1	2	3	4	5	6	7	8	9	10
	修正意见											
	1.6 决策能力	参与决策活动、进行方案选择的技能和本领	1	2	3	4	5	6	7	8	9	10
	修正意见											
建议新增指标												
2. 会计知识	2.1 企业系统知识	一部分是OA（办公室自动化系统）的相关知识。另一部分为业务系统包括ERP、HR、CRM的相关知识	1	2	3	4	5	6	7	8	9	10
	修正意见											

（续上表）

<table>
<tr><th>一级指标</th><th>二级指标</th><th>指标内涵</th><th colspan="10">指标内涵对二级指标表述的适当程度</th></tr>
<tr><td rowspan="6">2. 会计知识</td><td rowspan="2">2.2 财务会计及报告知识</td><td rowspan="2">对企业已经完成的资金运动全面系统的核算与监督，为外部与企业有经济利害关系的投资人、债权人和政府有关部门提供以企业的财务状况与经营状况等经济资讯为主要目标而进行的经济管理活动。运用财务会计的基本概念、原则和理论方法，包括财务报表编制（资产负债表、损益表和现金流量表等）、会计核算和财务报表分析等</td><td>1</td><td>2</td><td>3</td><td>4</td><td>5</td><td>6</td><td>7</td><td>8</td><td>9</td><td>10</td></tr>
<tr><td></td><td></td><td></td><td></td><td></td><td></td><td></td><td></td><td></td><td></td></tr>
<tr><td>修正意见</td><td colspan="11"></td></tr>
<tr><td rowspan="2">2.3 成本会计知识</td><td rowspan="2">管理会计以成本会计为基础，利用成本会计所提供的信息进行分析、决策和规划</td><td>1</td><td>2</td><td>3</td><td>4</td><td>5</td><td>6</td><td>7</td><td>8</td><td>9</td><td>10</td></tr>
<tr><td></td><td></td><td></td><td></td><td></td><td></td><td></td><td></td><td></td><td></td></tr>
<tr><td>修正意见</td><td colspan="11"></td></tr>
</table>

（续上表）

<table>
<tr><th>一级指标</th><th>二级指标</th><th>指标内涵</th><th colspan="10">指标内涵对二级指标表述的适当程度</th></tr>
<tr><td rowspan="9">2. 会计知识</td><td rowspan="2">2.4 财税软件知识</td><td rowspan="2">以最新企业会计准则体系为依据，以会计职业能力培养为导向，采用任务驱动、项目导向的设计理念，拥有使用财务软件处理会计业务的理论和实践方法</td><td>1</td><td>2</td><td>3</td><td>4</td><td>5</td><td>6</td><td>7</td><td>8</td><td>9</td><td>10</td></tr>
<tr><td></td><td></td><td></td><td></td><td></td><td></td><td></td><td></td><td></td><td></td></tr>
<tr><td>修正意见</td><td colspan="11"></td></tr>
<tr><td rowspan="2">2.5 纳税管理知识</td><td rowspan="2">按税法或税务机关相关行政法规所规定的内容，在申报期限内，以书面形式向主管税务机关提交有关纳税事项及应缴税款的会计处理</td><td>1</td><td>2</td><td>3</td><td>4</td><td>5</td><td>6</td><td>7</td><td>8</td><td>9</td><td>10</td></tr>
<tr><td></td><td></td><td></td><td></td><td></td><td></td><td></td><td></td><td></td><td></td></tr>
<tr><td>修正意见</td><td colspan="11"></td></tr>
<tr><td rowspan="2">2.6 法律知识</td><td rowspan="2">依照《中华人民共和国会计法》和统一的会计制度进行会计核算，实施会计监督，规范会计基础工作</td><td>1</td><td>2</td><td>3</td><td>4</td><td>5</td><td>6</td><td>7</td><td>8</td><td>9</td><td>10</td></tr>
<tr><td></td><td></td><td></td><td></td><td></td><td></td><td></td><td></td><td></td><td></td></tr>
<tr><td>修正意见</td><td colspan="11"></td></tr>
</table>

（续上表）

一级指标	二级指标	指标内涵	指标内涵对二级指标表述的适当程度									
3. 会计综合素质	3.1　客观	客观性原则也称真实性原则，真实报告有关企业的经营成果及财务状况	1	2	3	4	5	6	7	8	9	10
	修正意见											
	3.2　公正	要求会计从业人员保持独立性，如实地报告会计相关资料	1	2	3	4	5	6	7	8	9	10
	修正意见											
	3.3　守法	会计人员必须认真学习、准确理解和掌握相关法律、法规，在会计工作当中严格遵守与执行	1	2	3	4	5	6	7	8	9	10
	修正意见											
	3.4　终身学习	开始于人的生命之初，终止于人的生命之末，贯穿人的发展各个阶段及各个方面的教育活动的学习态度	1	2	3	4	5	6	7	8	9	10
	修正意见											

附录二　德尔菲法第二轮正式问卷

尊敬的专家：

您好！首先感谢您对第一轮问卷的认真填写，为本研究提供了许多帮助和指导。第一轮问卷的统计主要从均值、中位数、标准差、变异系数4个因子进行统计。均值和中值大于7、标准差小于1、变异系数小于0.25的指标在4个条件中要达到3个或以上才能通过。并考虑专家的意见进行修正。通过整理得到以下量表，现展开第二轮德尔菲法专家问卷。

根据您对此指标“取团队其他成员的长处来补自己的短处，也把自己的长处优点分享给大家，互相学习交流，共同进步”纳入评价体系的赞同程度来打勾。标准字体下划双横线部分为添加部分，如增加“取团队其他成员的长处来补自己的短处”，划掉部分为删除部分，如“删除”。

会计人员能力指标体系表

<table>
<tr><th>一级指标</th><th>二级指标</th><th>指标内涵</th><th colspan="10">指标内涵对二级指标表述的适当程度</th></tr>
<tr><td rowspan="8">1. 会计技能</td><td rowspan="3">1.1 团队合作能力</td><td rowspan="3">对于团队的成员来说，不仅要有个人能力，更需要有在不同的位置上各尽所能、取团队其他成员的长处来补自己的短处，与其他成员协调合作的能力</td><td>1</td><td>2</td><td>3</td><td>4</td><td>5</td><td>6</td><td>7</td><td>8</td><td>9</td><td>10</td></tr>
<tr><td></td><td></td><td></td><td></td><td></td><td></td><td></td><td></td><td></td><td></td></tr>
<tr><td colspan="10"></td></tr>
<tr><td>修正意见</td><td colspan="11"></td></tr>
<tr><td rowspan="3">1.2 沟通协调能力</td><td rowspan="3">善于与公司中不同部门和不同级别的人员在相关的工作当中进行交流，也可谓之协调变通的能力</td><td>1</td><td>2</td><td>3</td><td>4</td><td>5</td><td>6</td><td>7</td><td>8</td><td>9</td><td>10</td></tr>
<tr><td></td><td></td><td></td><td></td><td></td><td></td><td></td><td></td><td></td><td></td></tr>
<tr><td colspan="10"></td></tr>
<tr><td>修正意见</td><td colspan="11"></td></tr>
</table>

（续上表）

<table>
<tr><td>一级指标</td><td>二级指标</td><td>指标内涵</td><td colspan="10">指标内涵对二级指标表述的适当程度</td></tr>
<tr><td rowspan="16">1. 会计技能</td><td rowspan="3">1.3 解决问题能力</td><td rowspan="3">运用观念、规则、一定的程序、方法等对客观问题进行分析并提出解决方案的能力</td><td>1</td><td>2</td><td>3</td><td>4</td><td>5</td><td>6</td><td>7</td><td>8</td><td>9</td><td>10</td></tr>
<tr><td></td><td></td><td></td><td></td><td></td><td></td><td></td><td></td><td></td><td></td></tr>
<tr><td colspan="10"></td></tr>
<tr><td>修正意见</td><td colspan="11"></td></tr>
<tr><td rowspan="3">1.4 抗压应对能力</td><td rowspan="3">意识到压力的存在，正确分析压力的来源后，寻求合理解决压力的办法</td><td>1</td><td>2</td><td>3</td><td>4</td><td>5</td><td>6</td><td>7</td><td>8</td><td>9</td><td>10</td></tr>
<tr><td></td><td></td><td></td><td></td><td></td><td></td><td></td><td></td><td></td><td></td></tr>
<tr><td colspan="10"></td></tr>
<tr><td>修正意见</td><td colspan="11"></td></tr>
<tr><td rowspan="3">1.5 人际交流能力</td><td rowspan="3">良好性格、儒雅风度、知识修养，在社交活动中要热情、自信；注意仪表、举止；包含着表达能力、倾听能力和设计能力。在社交活动中应对领导、同事、合作者和其他公众表示关心和尊重</td><td>1</td><td>2</td><td>3</td><td>4</td><td>5</td><td>6</td><td>7</td><td>8</td><td>9</td><td>10</td></tr>
<tr><td></td><td></td><td></td><td></td><td></td><td></td><td></td><td></td><td></td><td></td></tr>
<tr><td colspan="10"></td></tr>
<tr><td>修正意见</td><td colspan="11"></td></tr>
<tr><td rowspan="3">~~1.6 决策能力~~</td><td rowspan="3">~~参与决策活动、进行方案选择的技能和本领~~</td><td>1</td><td>2</td><td>3</td><td>4</td><td>5</td><td>6</td><td>7</td><td>8</td><td>9</td><td>10</td></tr>
<tr><td></td><td></td><td></td><td></td><td></td><td></td><td></td><td></td><td></td><td></td></tr>
<tr><td colspan="10"></td></tr>
<tr><td>修正意见</td><td colspan="11"></td></tr>
<tr><td colspan="13">建议新增指标</td></tr>
</table>

（续上表）

<table>
<tr><th>一级指标</th><th>二级指标</th><th>指标内涵</th><th colspan="10">指标内涵对二级指标表述的适当程度</th></tr>
<tr><td rowspan="6">2. 会计知识</td><td rowspan="2">2.1 企业系统知识</td><td rowspan="2">会计人员在掌握一部分是OA（办公室自动化系统）的相关知识；另一部分为业务系统包括ERP、HR系统、CRM的相关的信息系统的应用的同时，也要注意信息公开和信息共享，按照一定的使用权限在企业内部部门之间、员工之间和合作伙伴之间进行资源共享</td><td>1</td><td>2</td><td>3</td><td>4</td><td>5</td><td>6</td><td>7</td><td>8</td><td>9</td><td>10</td></tr>
<tr><td></td><td></td><td></td><td></td><td></td><td></td><td></td><td></td><td></td><td></td></tr>
<tr><td>修正意见</td><td colspan="11"></td></tr>
<tr><td rowspan="2">2.2 财务会计及报告知识</td><td rowspan="2">对企业已经完成的资金运动进行全面系统的核算与监督，为外部与企业有经济利害关系的投资人、债权人和政府有关部门提供以企业的财务状况与经营状况等经济信息为主要目标而进行的经济管理活动。运用财务会计的基本概念、原则和理论方法，包括财务报表编制（资产负债表、损益表和现金流量表等）、会计核算和财务报表分析</td><td>1</td><td>2</td><td>3</td><td>4</td><td>5</td><td>6</td><td>7</td><td>8</td><td>9</td><td>10</td></tr>
<tr><td></td><td></td><td></td><td></td><td></td><td></td><td></td><td></td><td></td><td></td></tr>
<tr><td>修正意见</td><td colspan="11"></td></tr>
</table>

（续上表）

<table>
<tr><th>一级指标</th><th>二级指标</th><th>指标内涵</th><th colspan="10">指标内涵对二级指标表述的适当程度</th></tr>
<tr><td rowspan="7">2. 会计知识</td><td rowspan="3">2.5 纳税管理</td><td rowspan="3">按税法或税务机关相关行政法规所规定的内容，在申报期限内，以书面形式向主管税务机关提交有关纳税事项及应缴税款的会计处理</td><td>1</td><td>2</td><td>3</td><td>4</td><td>5</td><td>6</td><td>7</td><td>8</td><td>9</td><td>10</td></tr>
<tr><td></td><td></td><td></td><td></td><td></td><td></td><td></td><td></td><td></td><td></td></tr>
<tr><td colspan="10"></td></tr>
<tr><td>修正意见</td><td colspan="11"></td></tr>
<tr><td rowspan="3">2.6 法律知识</td><td rowspan="3">会计人员依照《会计法》和统一的会计制度进行会计核算，实施会计监督，规范会计基础工作。同时也要遵守《中华人民共和国税法》《中华人民共和国经济法》等</td><td>1</td><td>2</td><td>3</td><td>4</td><td>5</td><td>6</td><td>7</td><td>8</td><td>9</td><td>10</td></tr>
<tr><td></td><td></td><td></td><td></td><td></td><td></td><td></td><td></td><td></td><td></td></tr>
<tr><td colspan="10"></td></tr>
<tr><td>修正意见</td><td colspan="11"></td></tr>
<tr><td colspan="13">建议新增指标</td></tr>
</table>

附录三　会计人员能力评价指标体系评分量表测试问卷

尊敬的专家：

您好！我是汕尾职业技术学院的罗妙华，现因编写专著《师徒制对会计专业学生知识转移的研究》，采用德尔菲法得出“会计人员能力评价指标体系评分量表”进行信效度测试。

需要请您对本次调查问卷评价指标进行勾选打分，请您在百忙中抽出时间给予填写。对这些问题将占用您宝贵时间表示歉意。诚挚感谢您的帮助和支持。

基本信息

(1) 您的职称是：(　　)

A. 正高　　B. 副高　　C. 中级　　D. 初级

(2) 您的学历是：(　　)

A. 博士　　B. 硕士　　C. 本科　　D. 专科

(3) 您的工龄是：(　　)

A. 30 年以上　　B. 20 ～ 30 年　　C. 10 ～ 20 年　　D. 10 年以下

(4) 您认为理论分析对您的判断的影响程度：(　　)

A. 大　　B. 中　　C. 小

(5) 您认为实践经验对您的判断的影响程度：(　　)

A. 大　　B. 中　　C. 小

(6) 您认为直觉感官对您的判断的影响程度：(　　)

A. 大　　B. 中　　C. 小

(7) 您认为国内外同行的了解对您的判断的影响程度：(　　)

A. 大　　B. 中　　C. 小

(8) 您对核心素养的熟悉程度：(　　)

A. 很熟悉　　B. 熟悉　　C. 较熟悉

D. 一般　　E. 较不熟悉　　F. 很不熟悉

会计人员能力评价指标体系评分量表

一级指标	二级指标	非常赞同	赞同	不确定	不赞同	非常不赞同
1. 会计技能	1.1　团队合作能力（5分）					
	1.2　协调与沟通能力（7分）					
	1.3　解决问题能力（7分）					
	1.4　抗压应对能力（5分）					
	1.5　人际交流能力（7分）					
2. 会计知识	2.1　企业系统知识（5分）					
	2.2　财务会计及报告知识（7分）					
	2.3　成本会计知识（7分）					
	2.4　财税软件知识（7分）					
	2.5　纳税管理知识（7分）					
	2.6　法律知识（5分）					
3. 会计综合素质	3.1　客观（7分）					
	3.2　公正（5分）					
	3.3　守法（7分）					
	3.4　终身学习（5分）					
	3.5　社会责任及公益（7分）					

附录四　实验前测测试卷（会计技能和会计综合素质）

各位同学：

您好！我是汕尾职业技术学院的罗妙华，现因撰写专著《师徒制对会计专业学生知识转移的研究》，需要做以下测试。本次测试的目的是了解高职会计专业学生的会计技能和会计综合素质，将为专著提供重要的资料信息，请您逐条阅读并按照自己的想法如实作答。谢谢合作！

个人基本情况

（1）姓名：

（2）性别：

（3）年龄：

（4）身高：

（5）体重：

（6）班级：

（7）从事会计训练年限：

（8）是否独生子女：

（9）您来自（城市/农村）：

一、测试一

测试目的：测试学生的职业判断力、解决问题能力、沟通能力，以及组织、协调能力。

题目：企业的某个供应商向财务部来函，说明企业所欠其材料款情况，来函资料显示该单位所计的应付款多于企业账面金额。负责应付款管理人员，是否能发现差异，是否能先核对企业的账面金额，在确认无误的情况下与供应商联系？若对方坚持其核算正确，应付款管理人员怎样进一步沟通？

二、测试二

测试目的：测试学生的人际交流能力、应对压力及合理安排

能力。

题目：期末税务机关来审核，由税务管理人员接待。因为企业历年经营状况良好，并依法按时预缴本年企业所得税，税务机关人员提出预缴明年部分所得税的要求。作为企业财务部门的职员，是寻求上级领导的帮助，还是自己解决棘手问题？如何与税务机关的工作人员进行谈判？

三、测试三

测试目的：测试学生的团队合作能力。

题目：会计是一个需要分工合作的行业，遵循钱账分离原则，例如，出纳不能记录除现金日记账、银行存款日记账、固定资产帐簿以外的其他帐簿，而是需要专业的会计去记帐存档，且会计资料要派专人保管，都体现出会计需要团队合作。如果您是会计部门的主管，您会如何设计会计部团队合作方案？

四、测试四

测试目的：测试学生的客观、公正、遵循法律、法规的职业价值观。

题目：在年度会计报告编制之际，总经理要求财务部部长粉饰会计报表，减少利润，以达到少缴纳企业所得税的目的。作为财务部的负责人，在合法避税的基础上，是否能按照总经理的授意，非法修改财务资料？您会如何应对此事？如果不配合，则有可能失去该工作，您会如何选择？

五、测试五

测试目的：考察学生终身学习的理念、关注公众利益和承担社会责任的职业价值观。

题目：假设公司拟定要开发一个新的项目（家具加工电镀），该项目的利润比较可观，但对环境影响比较大。作为公司的会计，将如何学习有关该项目的一些专业的知识，以及评估其对环境带来的影响？如何在财务上维护公众利益和承担社会责任？

附录五　实验前测测试卷（会计知识）

各位同学：

您好！我是汕尾职业技术学院的罗妙华，现因撰写专著《师徒制对会计专业学生知识转移的研究》，需要做以下测试。本次测试的目的是进一步了解高职会计专业学生的会计知识，主要包括企业信息系统知识、财务和管理软件的应用知识、财务会计与报告知识、成本管理会计知识、税收知识和法律知识。本测试将为专著提供重要的资料信息，请您逐条阅读并按照自己的想法如实作答，谢谢合作！

个人基本情况

（1）姓名：

（2）性别：

（3）年龄：

（4）身高：

（5）体重：

（6）班级：

（7）从事会计训练年限：

（8）是否独生子女：

（9）您来自（城市/农村）：

1. 企业基本资料

企业名称：南方公司。

企业性质：制造企业。

注册资本：50 万元。

公司地址：广东省汕尾市××路××号。

开户行账号：中国建设银行某支行 41911××××。

纳税人登记号：419006××××。

公司被税务机关核定为增值税一般纳税人，增值税税率为 17%，

所得税税率为25%，城市维护建设税按本月应交增值税的5%交纳，教育费附加按本月应交增值税的3%交纳，本题计算一律不考虑运输费用所含税费。

公司原材料按实际成本计价；固定资产按综合折旧率计提折旧，月折旧率为0.6%；月末制造费用按生产工人工资比例分配，计入A、B产品生产成本；公司按月结转损益，年终进行利润分配。

2. 期初资料

南方公司期初科目余额如下所示.

科目名称	借方期初余额（元）	贷方期初余额（元）
库存现金	7 138.10	
银行存款	107 140.00	
应收账款	96 000.00	
BBC 公司	36 000.00	
DBC 公司	60 000.00	
其他应收款	1 500.00	
原材料	153 900.00	
周转材料		
库存商品	60 361.90	
长期待摊费用	2 160.00	
固定资产	633 826.03	
累计折旧		193 150.00
短期借款		50 000.00
应付账款		30 000.00
应付职工薪酬		10 180.00
应交税费	115 187.47	
未交增值税		15 200.00

（续上表）

应交所得税	130 387.47	
应交城市维护建设税		0.00
科目名称	借方期初余额（元）	贷方期初余额（元）
其他应付款		0.00
应付利息		1 600.00
实收资本（或股本）		500 000.00
资本公积		0.00
盈余公积		3 670.00
本年利润		388613.50
利润分配		0.00
生产成本		0.00
制造费用		0.00
合计	1 177 213.50	1 177 213.50
	1—11 月借方累计	1—11 月贷方累计
主营业务收入	742 500.00	742 500.00
其他业务收入	0.00	0.00
营业外收入	240.00	240.00
主营业务成本	314 824.50	314 824.50
营业务税金及附加	6 500.00	6 500.00
其他业务支出	0.00	0.00
销售费用	540.00	540.00
管理费用	30 462.00	30 462.00
财务费用	1 800.00	1 800.00
营业外支出	0.00	0.00
所得税费用		
合计	1 096 866.50	1 096 866.50

有关数量账期初余额表（千克）

科目名称	方向	期初数量 余额（元）	单价（元）	期初 余额（元）
原材料	借			153 900.00
甲材料	借	600.00	130.00	78 000.00
乙材料	借	603.00	100.00	60 300.00
丙材料	借	330.00	40.00	13 200.00
丁材料	借	100.00	24.00	2 400.00
库存商品	借			60 361.90
A 产品	借	350.00	101.966	35 688.10
B 产品	借	120.00	205.615	24 673.80

3. 本期发生主要经济业务

12 月 1 日，购入甲材料一批，收到银行托收承付凭证付款通知联及增值税专用发票运输业统一发票，经审核同意付款，会计人员据此填制“收料单”将该批材料验收入库。

12 月 2 日，根据纳税中报表计算本期应交增值税 15 200 元，填制转帐支票向国库上交税金，并取得完税凭证。

12 月 3 日，归还短期周转借款。

12 月 3 日，收回货款。

12 月 4 日，基本生产车间购劳保用品一批。

12 月 5 日，发出乙材料。

12 月 5 日，购入机器设备一台，取得增值税专用发票，该设备不需要安装直接交基本生产车间使用，据此填制固定资产验收报告单，填制完成银行电汇凭证支付设备价款。

12 月 6 日，销售给 BBC 公司 A 产品 300 件，DBC 公司 B 产品 100 件，开出转账支票两份代垫运费，填写产品出率单发运商品，办妥托收承付结算手续。

12 月 7 日，购入包装物纸箱 100 只，开出转账支票支付货款，填制物品验收单将包装物品验收入库。

12 月 8 日，发出甲材料 100 千克。

12 月 9 日，填制转账支票支付业务招待费 1 000 元。

12 月 10 日，支付产品销售运杂费。

12 月 11 日，从 FBC 公司购丁材料 100 千克，取得增值税专用发票，据此填写银行转支票支付款项，填写收料单将材料验收入库。

12 月 11 日，发出丁材料 40 千克。

12 月 12 日，从 CBC 公司购人乙材料 200 千克，收到银行转来托收承付凭证付款通知联及增值税专用发票、运输业统一发票，经审核同意付款。材料已经到货，填写收料单验收人库。

12 月 13 日，发出甲材料 200 千克。

12 月 14 日，从 EBC 公司购入丙材料 300 千克，取得增值税专用发票及运输业统发票，材料已经到货，填图收料单验收人库，填割银行电汇凭证办理款项支付手续。

12 月 15 日，填制现金支票从银行提取现金 1 000 元备用。

12 月 16 日，管理部门从 × × 超市购办公用品 330 元、填制转账支票支付货款。

12 月 17 日，销售给 WBC 公司 A 产品 200 件，仓库已经发货，填开增值税专用发票留第三联记账，收到对方交来转账支票一张，填制进账单到银行进账。另以现金 40 元支付该批产品销售送货费。

12 月 18 日，收到银行转来托收承付凭证收账通知联，收回 BC 公司及 DBC 公司货款。

12 月 19 日，从 CBC 公司购入乙材料 300 千克，收到增值税专用发票，据此填制电汇凭证办理款项支付手续，材料已经到货，填制收料单验收人库。

12 月 20 日，销售给 YBC 公司 B 产品 150 件，开出增值税专用发票，收到对方交来转账支票一张，填制银行进账单进账。

12 月 21 日，购入会计用账表凭证 60 元，车间用文具用品 84 元。

12 月 21 日，发出丙材料 150 千克。

12 月 22 日，开出转账支票支付 450 元车间机器维修材料费，维修过程已经结束，材料在维修过程中已全部消耗。

12 月 23 日，企业管理人员张 × 报销差旅费 1290 元。

12 月 24 日，报废旧机器一台。

12 月 25 日，以现金支付固定资产清理费 320 元，收到李 × × 所填领款单。

12 月 26 日，报废固定资产残料出售收到现金 1 040 元，填送款单存入银行。填制固定资产清理结转表结转固定资产清理净收入 80 元。

12 月 27 日，开出转账支票交银行代发职工工资 34 000 元。

12 月 28 日，销售给 BBC 公司 A 产品 100 件，开出增值税专用发票，仓库已经发货，款项尚未到联。

12 月 29 日，开出转账支票支付职工医疗保险基金 3120 元。

12 月 30 日，收到银行转来供电公司委托收款凭证付款通知联，经审核同意付款按各部门耗用数量进行分配。

12 月 31 日，收到银行转来供水公司委托收款凭证付款通知联，经审核同意付款，按各部门耗用数量进行分配。

12 月 31 日，结算分配本月工资费用。

12 月 31 日，提取固定资产折旧。

12 月 31 日，推销本期应负担的长期待摊费用。

12 月 31 日，预提银行借款利息。

12 月 31 日，结转本月制造费用（尾差由 B 产品负担，分配率保留两位小数）。

12 月 31 日，结转已经完工产品成本，A 产品 500 件，B 产品 400 件。

12 月 31 日，结转已销售产品成本。

12 月 31 日，计算结转主营业务税金及附加。

12 月 31 日，结转各损益账户。

12 月 31 日，按本月实际利润额计算应交所得税（假设无纳税调整项目）。

12 月 31 日，将所得税转人本年利润账户。

12 月 31 日，将本年利润的余额转入“利润分配—未分配利润”

账户。

12月31日，根据董事会决议，按全年净利润提取公积金并分配利润，并将利润分配各明细账户余额结转到“利润分配—未分配利润”账户。

4. 实训要求

请你登录公司模拟报税系统为该公司清缴当月税款。

附录六　实验后测测试卷（会计技能和会计综合素质）

各位同学：

您好！我是汕尾职业技术学院的罗妙华，现因撰写专著《师徒制对会计专业学生知识转移的研究》，需要做以下测试。本次测试的目的是进一步了解高职会计专业学生的会计技能和会计综合素质，为我撰写专著提供重要的资料信息，请您逐条阅读并按照自己的想法如实作答，谢谢合作！

个人基本情况：

（1）姓名：

（2）性别：

（3）年龄：

（4）身高：

（5）体重：

（6）班级：

（7）从事会计训练年限：

（8）是否独生子女：

（9）您来自（城市/农村）：

一、测试一

测试目的：测试学生的职业判断力、沟通能力，以及组织、协调能力。

题目：公司定期对各部门的费用支出做出预算并依此进行控制。销售部门本期累积发生的费用支出已超出期初预算。该部门一名员工到财务部门借款，如果出纳没有意识到预算控制，就会支付现金给该员工；如果出纳发现超出期初预算，为了控制的目的不会借款。但该员工强调此次借款的用途是非常重要的，如果不能顺利进行，将会对企业的生产经营产生重大负面影响。对此，出纳、财务管理职员乃至财务部经理应如何处理?

二、测试二

测试目的：测试学生的人际交流能力，应对压力及合理安排能力。

题目：经理到报销审核人员处要求审批报销款，包括一些金额较大的饮食娱乐业发票、宾馆住宿发票、飞机票等。经理并不说明原始凭证的来源，只要求审核人员签字，将报销款入账，并暗示审核人员保密。面对这种突发情况，审核人员如何处理?

三、测试三

测试目的：测试学生的团队合作能力。

题目：大东铝型材有限公司2020年的所得税汇算清缴报告交给本所出具鉴证报告。现你组的师傅是项目负责人，师傅把底稿的工作交给你组五位成员分工合作来完成。如何根据该类公司账务特点进行业务分工，以更快更优地完成工作?

四、测试四

测试目的：测试学生的客观、公正、遵循法律、法规的会计综合素质。

题目：公司近期由于资金紧张拟定向工商银行贷款，假设你是财务经理，公司的总经理找到你，要求你把这一年的财务报告拿给他看。经理过目后提出，本公司今年的利润出现负数，资产负债表的总资产资产不够大，达不到银行放贷的各项标准。要求另外做一套报表和账簿等，已到达贷款的目的。如何解决这个事件?

五、测试五

测试目的：考察学生的终身学习的理念、关注公众利益和承担社会责任的会计综合素质。

题目：假设公司拟定要开发一个新的项目（金属喷涂前的表面处理），该项目的利润比较可观，是对环境影响比较大。作为公司的会计，将如何学习有关该项目的一些专业的知识，以及其对环境带来的影响?在财务上如何负起公众利益和社会责任?

附录七　实验后测测试卷（会计知识）

各位同学：

您好！我是汕尾职业技术学院的罗妙华，现因编写专著《师徒制对会计专业学生知识转移的研究》，需要做以下测试。本次测试的目的是进一步了解高职会计专业学生的会计知识：主要包括企业信息系统知识、财务和管理软件的应用知识、财务会计与报告知识、成本管理会计知识、税收和法律知识。此测试将为专著提供重要的资料信息，请您逐条阅读并按照自己的想法如实作答，谢谢合作！

个人基本情况：

（1）姓名：

（2）性别：

（3）年龄：

（4）身高：

（5）体重：

（6）班级：

（7）从事会计训练年限：

（8）是否独生子女：

（9）您来自（城市/农村）：

1．合肥紫蓬山实业公司 20××年 12 月 1 日的相关资料如下：

会计科目	借方期初余额（元）	贷方期初余额（元）
库存现金	4 140	
银行存款	201 200	
应收账款	819 000	
其他应收款	5 000	
原材料	970 000	

（续上表）

会计科目	借方期初余额（元）	贷方期初余额（元）
生产成本	11 200	
库存商品	900 000	
长期待摊费用	260 000	
固定资产	2 650 400	
应付账款		491 400
应付职工薪酬		132 000
应付利息		55 000
应交税费		24 960
其他应付款		
应付票据		
应付股利		
长期借款		1 000 000
实收资本		2 000 000
盈余公积		719 560
本年利润		469 540
利润分配		232 480
累计折旧		686 000
合计	5 820 940	5 820 940

2. 有关明细分类账户期初余额

（1）应收账款：合肥职业网络技术股份公司585 000元；合肥永琛建材有限公司234 000元。

（2）其他应收款：甄邮5 000元。

（3）原材料：甲材料8 500千克，单价100元，计850 000元；乙材料2 400千克，单价50元，计120 000元生产成本；B生产成本直接材料5 000元，直接人工3 000元，制造费用3 200元。

（4）库存商品：A产品4 500件，单价200元，计900 000元。

（5）长期待摊费用：租入办公用房屋装修260 000元。（长期待摊费用为行政管理部门租入办公用房屋装修，每月推销10 000元）

（6）应付职工薪酬：工资108 000元，社会保险费18 000元，社

会保险费 6 000 元。

（7）应付利息：长期借款利息 55 000 元。

（8）应交税费：应交增值税 18 960 元，应交消费税6 000元。

（9）实收资本：兴业公司 1 000 000 元，实达公司1 000 000元。

（10）利润分配；未分配利润 232 480 元。

长期借款为年初借入，3 年期，年利率为 6%，按年支付利息，到期还本，该利息不合资本化的条件。存货出入库总分类核算采用月末汇总结转。

3. 损益类账户累计发生额（单位：元）

主营业务收入（a 产品）			3 400 000
其他业务收入			47 000
营业外收入			
主营业务成本（a 产品）		1 924 800	
营业税金及附加		175 200	
其他业务成本		31 000	
管理费用	工资	193 000	
	社会保险	27 000	
	折旧	70 000	
	房屋租赁	150 000	
	办公费	5 000	
	水电费	58 000	
	物料消耗	10 000	
	保险费	56 800	
销售费用	工资	55 000	
	社会保险	8 000	
	广告费	79 500	
	运杂费	4 800	
财务费用利息		77 500	

4. 20××年 12 月发生的经济业务

3 日，银行转来收款通知，合肥永琛建材有限公司归还前欠款 234 000 元，以收存银行。

4 日，支付职工困难补助 2184 元，以现金付讫。

4 日，从银行提取现金 5 000 元备用。

5 日，生产车间领用甲材料 400 千克，乙材料 100 千克，领用单号码为 200301。

5 日，向上海网通公司买入材料 4 000 千克，单价 98 元，价款为 392 000 元，增值税为 66 640 元；乙材料 2 000 千克，单价 48 元，价款为 9 600 元，增值税为 16 320 元，款项以商业汇票支付。

6 日，销售 A 产品 300 件给大有公司，货款及税款共计 140 400 元，款已收到并存人银行，出库单号为 40035。

6 日，收到大有公司借用包装物押金 2 000 元，存入银行。

6 日，以银行存款缴纳增值税 18 960 元和消费税6 000元。

8 日，以银行存款归还上海网通公司货款 117 000 元。

8 日，生产车间领用甲材料 2 700 千克，其中，用于 A 产品生产 1 200 千克，B 产品生产 1 500 千克，领料单号为 200302、200303。

9 日，以现金支付企业总部零星办公用品费用 885 元。

9 日，B 产品 4 000 件完工已验收入库，入库单号为 30021。

10 日，向合肥支联商贸有限公司购买甲材料 1 000 千克，单价 100 元，价款 10 000 元，增值税 17 000 元。款项尚未支付，材料已验收入库，放库单号为 10344。

12 日，销售 A 产品 1200 件给合肥职业网络技术股份有限公司，货款 480 000 元及增值税 81 600 元尚未收到，出库单号为 40037。

12 日，接受捐赠机器设备一台，价值 200 000 元。

13 日，向上海网通公司购买的甲、乙两种材料运至企业验收入库，入库单号为 10345，以银行存款支付运费 12 000 元。

14 日，生产车间领用甲材料 1 800 千克，乙材料 1 000 千克，用于生产 A 产品，领料单号为 200304。

17 日，销售部门领用甲材料 100 千克，领料单号为 2000305。

18 日，以银行存款发放工资 108 000 元。

19 日，销售 B 产品 200 件给永琛建材有限公司，货款 20 000 元及增值税 3 400 元尚未收到，出货单号为 40038。

19 日，以银行存款支付销售 B 产品的运费 1 200 元。

20 日，接银行付款通知，付电费 18 100 元，其中，车间应负担 16 540 元，行政管理部门应负担 1 400 元，销售部门应负担 160 元。

21 日，行政管理人员张云预借差旅费 5 000 元，以现金支付。

21 日，生产车间领用甲材料 500 千克，乙材料 200 千克，用于 A 产品生产，领料单号为 200306；行政管理部门领用甲材料 20 千克，领料单号为 200307。

22 日，以银行存款支付本月产品广告费用 5 000 元。

23 日，销售甲材料 100 千克，货款 12 000 元及增值税 2 040 元已收到，存入银行，出库单号为 40039。

25 日，以银行存款支付违章罚款 2 000 元。

28 日，以银行存款 9 500 元支付租入办公用房屋租金。

29 日，以银行存款支付本年度长期借款利息60 000元。

29 日，张云报销差旅费 5 500 元，补付现金 500 元。

5. 期末其他相关资料

本企业适用的相关税率为：A 产品的消费税税率为 5%，城建税税率为 1%，教育费附加为 3%，所得税税率为 25%。

本月应付职工工资 118 000 元，其中，生产 A 产品生产工人工资 50 000 元，生产 B 产品生产工人工资 40 000 元，车间管理人员工资 6 000 元，行政管理人员工资 20 000 元，销售人员工资 2 000 元。

本企业按职工工资总额的 9% 和 7% 比例分别计提养老保险和医疗保险。

本月应计提固定资产折旧 15 000 元，其中，生产车间固定资产折旧 9 000 元，行政管理部门固定资产折旧 5 000 元，销售机构固定资产折旧 1 000 元。

制造费用按 A、B 产品的生产工时比例进行分配，本月 A 产品耗用 6 000 工时，B 产品耗时 4 000 工时。本月生产的 A 产品尚未完工，

B 产品全部完工入库。

长期借款年利率为 6%，利息按年支付，按月计提，该利息不符合资本化条件。

本年利润分配方案为按本年税后利润的 10% 计提法定盈余公积，将本年税后利润的 20% 按期初投资比例分配给投资者。

3. 实训要求

根据以上资料编制合肥紫蓬山实业公司的相关会计分录。

根据以上资料设置合肥紫蓬山实业公司的账簿。

根据以上资料进行期末账项的调整。

根据以上资料编制合肥紫蓬山实业公司总帐科目试算平衡表。

根据以上资料编制合肥紫蓬山实业公司资产负债表。

根据以上资料编制合肥紫蓬山实业公司利润表。

请你登录公司模拟报税系统为该公司清缴当月税款。

附录八　模拟报税系统

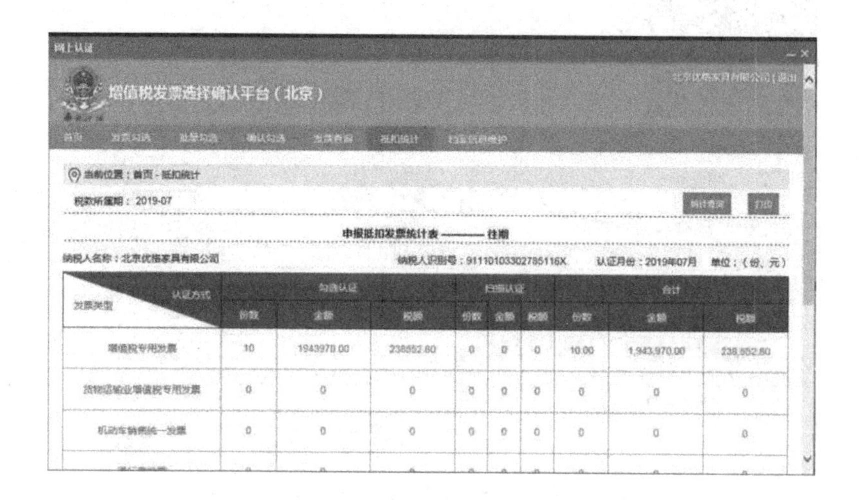

增值税发票选择确认平台（北京）
当前位置：首页 - 抵扣统计
税款所属期：2019-07
申报抵扣发票统计表——往期
纳税人名称：北京优格家具有限公司
纳税人识别号：91110103302785116X
认证月份：2019年07月
单位：（份、元）
认证方式
发票类型
勾选认证
扫描认证
合计
份数
金额
税额
增值税专用发票
10
1943970.00
238852.80
10.00
1,943,970.00
238,852.80
货物运输业增值税专用发票
机动车销售统一发票

网络申报
资产负债表（适用执行企业会计准则的一般企业）

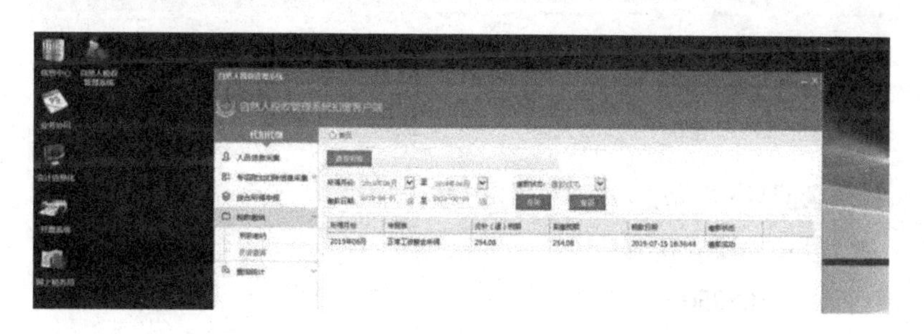

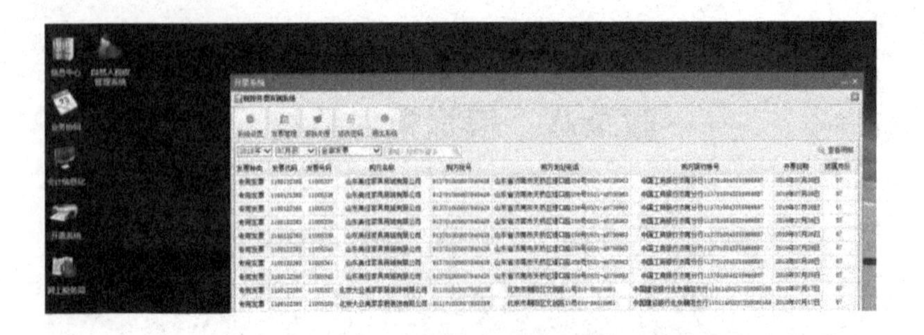

未交增值税计算表

单位：北京优皓家具有限公司　　金额单位：元（列至角分）　　日期：2019 年 07 月 31 日

序号	项目	金额	备注
1	当期销项税额	324160.00	
2	加：当期进项税额转出	96.00	
3	减：当期进项税额（不含待抵扣进项税额）	238552.80	
4	减：上期留抵税额		
5	本期未交增值税额	85703.20	

审核：陈安洋　　制表：徐梦怡

附加税计算表

单位：北京优皓家具有限公司　　金额单位：元（列至角分）　　日期：2019 年 07 月 31 日

序号	计税基础		城市维护建设税		教育费附加		地方教育附加	
	税种	金额	税率	税额	税率	税额	税率	税额
1	增值税	85703.20	7%	5999.22	3%	2571.10	2%	1714.06
2	消费税	34300.00	7%	2401.00	3%	1029.00	2%	686.00
3								
4	合计	120003.20		8400.22		3600.10		2400.06

审核：陈安洋　　制表：徐梦怡

企业所得税计算表

单位：北京优皓家具有限公司　　金额单位：元（列至角分）　　日期：2019年 07 月 31 日

序号	项目	金额	备注
1	营业收入	2026000.00	
2	营业成本	1391672.70	
3	利润总额	381441.00	
4	所得税税率	25%	
5	应计提所得税额	95360.25	

审核：陈安洋　　制表：徐梦怡

登录网址：http：//www. biyehelp. com/

账号：50256119

密码：102950

参考文献

一、中文文献

1. 安世慭．基于问题的对话教学模式研究．教育理论与实践，2016，36（2）：48－50.

2. 巴比．社会研究方法．邱泽奇，译．北京：华夏出版社，2009.

3. 贝克莱．人类知识原理．关文运，译．北京：商务印书馆，1958.

4. 常珊珊，李家清．课程改革深化背景下的核心素养体系构建．课程教材教法，2015（9）：29－35.

5. 陈诚．企业导师知识共享行为影响因素实证分析．武汉：华中科技大学，2009.

6. 陈高才，吕建玲，王忠谦，等．会计师事务所知识管理问题的解析和模式创新研究．会计研究，2013（5）：87－96.

7. 陈国权．团队学习和学习型团队：概念、能力模型、测量及对团队绩效．管理学报，2007，4（5）：62－69.

8. 陈娟，芮明杰．高技术企业知识员工间的知识传播模型．研究与发展管理，2004，16（5）：46－52.

9. 陈胜军．培训与开发．北京：中国市场出版社，2010.

10. 陈文涛．论美国会计本科教育目标．云南农业大学学报，2009（3），60－65.

11. 陈晓萍，徐淑英，樊景立．组织与管理研究的实证方法．北京：北京出版社，2012.

12. 陈振明．社会研究方法．北京：中国人民大学出版社，2012.

13. 邓传洲，赵春光，郑德渊．业会计师能力框架研究．会计研

究，2004（6）：31－35.

14. 耿新．知识创造的 IDE－SECI 模型．南开管理评论，2003（5）：11－15.

15. 郭慧，李南．SECI 螺旋的知识量和知识水平研究．价值工程，2010，30（8）：210－211.

16. 韩翼，杨百寅．师徒关系开启徒弟职业成功之门：政治技能视角．管理世界，2012（6）：124－132.

17. 韩玉昌．眼动仪和眼动实验法的发展历程．心理学科，2000，23（4）：54－57.

18. 侯丽平．基于就业导向的高职高专会计电算化专业课程体系的构建．会计之友，2007（29）：15－17.

19. 侯旭华．高职院校会计模拟实验教学探索．职业教育研究，2005（8）：137－138.

20. 华为．华为“全员导师制”值得民企借鉴．人才资源开发，2008（2）：59－61.

21. 黄晓榕．未来会计人才需求及会计教育目标探讨．财经理论与实践，2002（S2）：101－102.

22. 黄莺．从市场定位看高职会计专业学生的能力培养．当代经济，2008（2）：110－111.

23. 蒋梅．大学生就业权益及其法律保护．高等教育研究，2006（10）：77－81.

24. 李佩武，李子鹤．论教学模式及其演变．教育探索，2010（8）：33－35.

25. 李玉斌，戴心来，王朋娇．现代教育技术实用教程．北京：高等教育出版社，2010.

26. 李政贤．访谈研究法．台北：五南图书出版股份有限公司，2009.

27. 连淑芳．在人工语法学习中外显与内隐过程的研究．心理科学通讯，1990（3）：20－22.

28. 刘晖，郭小溪．我国大学生就业现状与对策．经济纵横，2006，10，12－14.

29. 刘继伟，王觉．会计专业教学法．北京：中国财政经济出版社，2011.

30. 刘书兰，甘璐．会计人才需求及职业能力评价社会调查．财会通信，2008（7）：16－17.

31. 刘晓英，文庭孝．知识资源共享及其动力机制研究．情报理论与实践，2008，3（3）：56－59.

32. 骆品亮，周勇，郭晖．虚拟研发组织的知识转移机制：一个文献综述．研究与发展管理，2004，16（5）：18－25.

33. 吕妍，梁樑．师徒制技能提升模型对隐性知识共享的探讨．科研管理，2008，29（5）：78－83.

34. 马伟群，姜艳萍，康壮．知识管理中个体知识能力的一种模糊测评方法．东北大学学报（自然科学版），2004（7）：16－18.

35. 苗青，王重鸣．指导人计划的研究进展．人类工效学，2002，8（2）：39－42.

36. 莫雷，等．心理学研究方法．广州：广东高等教育出版社，2007.

37. 诺伊．雇员培训与开发．北京：中国人民大学出版社，2008.

38. 欧群芳．基于工作过程的高职会计专业课程体系构建．经营管理者，2014（4）：20－22.

39. 皮亚杰．发生认识原理．王宪钿，等译．北京：商务印书馆，1981.

40. 秦荣生．21 世纪会计人员专业知识和业务能力的需求分析．财会通讯，2003，10：12－15.

41. 史菊林．高职会计专业教育与就业环境对接现状分析及对策研究．中国市场，2011，12：30－31.

42. 宋菲菲．学科背景与呈现交互性对动画多媒体学习成效影响的实验研究．大连：辽宁师范大学，2011.

43. 苏淑欢．英国 BIHE 会计教学对我国的启迪．中国远程教育，2004（21）：36－39.

44. 孙晓娥．深度访谈研究方法的实证论析．西安交通大学学报（社会科学版），2012（5）：10－13.

45. 孙晓玲．澳大利亚大学会计教育及对我国大学会计教学的思考．改革与战略，2004（6）：85－86.

46. 孙章丽．当前我国企业师徒制管理问题研究．北京：首都经济贸易大学，2010.

47. 田慧敏．研发团队知识增长的网络建模与类比研究．南京：航空航天大学，2006.

48. 万弢．高职高专会计教育培养目标与现状分析．财会月刊，2010（10）：10－12.

49. 万伟．三十年来教学模式研究的现状、问题与发展趋势．中国教育学刊，2015（1）：60－67.

50. 王璐．高校国际化人才素养指标体系建构．上海：上海外语大学，2007.

51. 王伟，黄瑞华．知识转移的效率：知识特性和内部知识市场的影响．科学学与科学技术管理，2006（3）：75－79.

52. 王秀红，孙凤媛，周九常．员工隐性知识转移动力模型，科技进步与对策，2008，25（3）：161－164.

53. 王众托．知识管理．北京：科学出版社，2009.

54. 王众托．知识系统工程．北京：科学出版社，2004.

55. 魏建国．社会研究方法．北京：清华大学出版社，2016.

56. 文军，蒋逸民．质性研究概论．北京：北京大学出版社，2010.

57. 吴岱明．科学研究方法学．长沙：湖南人民出版社，1987.

58. 休谟．人类理解研究．关文运，译．北京：商务印书馆，1997.

59. 徐庆林．从人才需求看高等职业教育会计专业人才培养模式改革．淮南师范学院学报，2006（8）：20－22.

60. 薛大维．会计师事务所知识管理绩效模糊评价探讨．财会通信，综合版，2010（8）：105－106.

61. 薛薇．SPSS 统计分析方法与应用．2 版．北京：电子工业出版社，2009.

62. 延金平．人员培训与开发．大连：东北财经大学出版社，2010.

63. 杨丽丽．师徒模式下个体技能型隐性知识的转移机制探析．华东经济管理，2010，24（6）：98－102.

64. 杨英，龙立荣．西方指导关系的理论概述．心理科学进展，2006（3）：45－45.

65. 杨英．中国知识员工的师徒关系对徒弟工作绩效、组织承诺的影响．武汉：华中师范大学，2006.

66. 野中郁次郎，竹内弘高．知识创造的螺旋：知识管理理论和案例研究．李萌，高飞，译．北京：知识产权出版社，2006.

67. 叶乃嘉．研究方法的第一本书．台北：五南图书出版股份有限公司，2008.

68. 易爱军．美国会计教育改革及其对我国的借鉴意义．江西金融职工大学学报，2007（3）：109－110.

69. 于玉林．世纪会计实验教学的发展趋势．实验室研究与探索，2004（7）：4－6.

70. 张晖．会计人才需求浅析．交通财会，2006（10）：50－51.

71. 张佳．透析“师徒制”的实践误区及其解决途径．新课程研究，2011（3）：26－28.

72. 张建伟，孙燕青．教育技术的心理学研究．北京：北京范大学出版社，2003.

73. 张军．企业内部知识有效转移障碍及其对策研究．科学学与科学技术管理，2005（26）：79－82.

74. 张莉，齐中英，田也壮．知识转移的影响因素及转移过程研究．情报科学，2005，23（11）：1606－1634.

75. 张庆普，李志超．企业隐性知识流动与转化研究．中国软科学，2003（1）：88－92.

76. 张正堂. 企业导师制研究探析. 外国经济与管理，2008（5）：39－41.

77. 张正堂. 企业师徒制探析. 外国经济与管理，2008，30（5）：35－36.

78. 张正堂. 完善师徒制度促进新员工组织社会化. 中国人力资源开发，2013（2）：24－27.

79. 赵雪松，杜荣，焦函. 师徒模式下隐性知识共享的障碍及解决方案. 预测，2006，25（5）：35－39.

80. 周国强. 培训与发展第五单元. 澳门：澳门城市大学，2010.

81. 朱卫未，于娱，施琴芬. 隐性知识转移势差效应机理研究体需要层次分析. 科技进步与对策，2011，28（3）：122－125.

82. 朱志红. 会计师事务所知识管理绩效定量评价模型. 会计之友，2010（1）：37－39.

83. 左美云. 国内外企业知识管理研究综述. 科学决策，2000（3）：31－37.

二、外文文献

1. ALBREECHT W S，SACK R J. Accounting education：charting the course through a perilous future. American accounting education，2000.

2. ALLEN T D，POTEET M L，BURROUGHS S M. The mentor's perspective：a qualitative inquiry and future research agenda. Journal of vocational behavior，1997，51：70－89.

3. ALLEN T D. Mentoring others：a dispositional and motivational approach. Journal of vocational behavior，2003，62（1）：134－154.

4. ALLEN T D. The disciples selection by mentors：contributing individual and organizational factors. Journal of vocational behavior，2004，65（3）：469－483.

5. ARYEE S，CHAY Y W，CHEW J. The motivation to mentor among managerial employees：an inter action approach. Group and organization

management, 1996, 21: 261 -277.

6. BOIT-LEE C, FOSTER S D. The core competency framework: a new element in the continuing call for accounting education change in the United States. Accounting education, 2003, 12 (1): 33 -47.

7. BORZI M G, MILLS T H. Communication apprehension in upper level accounting students: an assessment of skill development. Journal of education for business, 2001, 76 (4): 193 -198.

8. BOWMAN B, FEENEY M K. Toward a useful theory of mentoring: a conceptual analysis and critique. Administration & society, 2007, 39, 23 -27.

9. BOYD D T, BOYD S C, BOYD W L. Changes in accounting education: improving principles content for better understanding. Journal of education for business, 2000, 10 (1): 70 -89.

10. CHAN M W L, ROTENBERY W. Accounting, accounting education, and economic reform in the People's Republic of China. International Studies of Management & Organization, 1999, 29 (33): 7 -53.

11. CHANG C J, HWANG N R. Accounting education, firm training andinformation technology: a research note. Accounting education, 2003, 12 (4): 441 -450.

12. CHAO G T, WALZ P M, GARDNER P D. Formal and informal mentor ships: a comparison on mentoring functions and contrast with non mentored counterparts. Personnel psychology, 1992, 45 (3): 619 -636.

13. COHEN W M, LEVINTHAL D A. Absorptive-capacity: A new perspective on learning and innovation. Administrative Science Quarterly, 1990, 35, 128 -152.

14. CUMMINGS J L, TENG B S. Transferring R&D knowledge the key factors affecting knowledge transfer success. Journal of engineering and technology management, 2003, 20: 39 -68.

15. DESIMONE L M, HOCHBERG E D. Formal and informal mentoring: complementary, compensatory, or consistent? . Journal of teacher

education, 2014, 65 (2): 88 – 110.

16. DREHER G F, ASH R A. A comparative study of mentoring among men and women in managerial, professional, and technical positions. Journal of applied psychology, 1990, 75 (5): 539 – 546.

17. DREHER G F, COX T H. Race, gender, and opportunity: a study of compensations attainment and the establishment of relationships. Journal of applied psychology, 1996, 81 (3): 297 – 308.

18. DUDERSTADT J J. Engineering for a changing world: a road map to the future of engineering practice. Commercial accounting, 2012 (5): 20 – 23.

19. DUFF A. The role of cognitive learning styles in accounting education: developing learning competencies. Journal of accounting education, 2004, 22: 29 – 52.

20. EBY L T, LOCKWOOD A. Proteges mentors´reactions to participating in formal mentoring programs: a qualitative investigation. Journal of vocational behavior, 2005, 67: 441 – 458.

21. FAGENSON E A. The mentor advantage: perceived career/job experiences of proteges versus non proteges. Journal of organizational behavior, 1989, 10 (3): 309 – 320.

22. HAMEL G. Competition for competence and inter – partner learning within international strategic alliances. Strategic management journal, 2002 (1): 83 – 103.

23. HIPPEL E V. “Sticky information” and the locus of problem solving: Implications for innovation. Management science, 1994, 40 (4): 429 – 439.

24. HUBER G P. Organizational learning: the contributing process and literature. Organization science, 1991 (3): 88 – 115.

25. HUDSON P, Hudson S. Mentoring beginning teachers and goal setting. Australian journal of teacher education, 2016, 42 (10): 51 – 57.

26. JANET L C. International and US standards – audit risk and materi-

ality. Managerial auditing journal, 1996 (8): 521 -522.

27. JORDAN C E, CLARK S J. Two-year college accounting faculty: their opinions about the first course in accounting. Journal of education for business, 1995, 11/12: 68 -71.

28. KIRKPATRICK D L. Evaluationin the ASTD training and development handbook (2nd ed.) . New York: John Wiley & Son Press. 1996.

29. KIRKPATRICK D L. Techniques for evaluating training programs. Journal of the American society of training directors, 1959, 13 (12): 21 -26.

30. KRAM K E, HALL D T. Mentoring as an antidote to stress during corporate trauma. Human resource management, 1989, 28: 493 -510.

31. KRAM K E. Improving the mentoring process. training and development. Journal, 1985, 39 (1): 16 -23.

32. LANGENDER F Q. Accounting education's history - a 100-year search for identity. AICPA centennial issue, 1987 (6): 65 -78.

33. LEVIN D Z, CROSS R. The strength of weak ties you can trust: the mediating role of trust in effective knowledge transfer. Management Science, 2004, 50 (11): 1477 -1490.

34. LIN H F. Effects of extrinsic and intrinsic motivation on employee knowledge sharing intentions. Journal of science, 2007, 3 (2): 135 -149.

35. LIN Z J, XIONG X Y, LIU M. Knowledge base and skill development in accounting education: evidence from China. Journal of accounting education, 2005, 23, 149 -169.

36. MARY B C, MAKE A D. Assessing knowledge structure in accounting education: an application of pathfinder associative networks. Journal of accounting education, 2003, 21 (3): 185 -195.

37. MAY G S, WINDAL F W, SYLVESTRE J. The need for change in accounting education: an educator survey. Journal of accounting education, 1995, 13 (1): 21 -43.

38. MIAN S. On the choice and replacement of chief financial of-

ficers. Journal of financial economics, 2001, 60: 143 - 175.

39. MIN H K. The scope and objectives of professional accounting education: trends and perspectives. Journal of education for business, 1987, 12: 104 - 109.

40. MINBAEVA D, PEDERSEN T. MNC knowledge transfer, subsidiary absorptive capacity, and HRM. Journal of international business studies, 2003, 34 (6): 586 - 599.

41. MISHRA P, KOEHLER M J. Technological pedagogical content knowledge: a new framework for teacher knowledge. Teachers college record, 2006, 108 (6): 1017 - 1054.

42. MULLEN E J, NOE R A. The mentoring information exchange: when do mentors seek information from their proteges? . Journal of organizational behavior, 1999, 20: 233 - 242.

43. NONAKA I, YOSIERE P, BORUCKI C. Organizational knowledge creation theory: a first comprehensive test. International business review, 1995, 3 (4): 337 - 351.

44. NONAKA I. A dynamic theory of organizational knowledge creation. Organization science, 1994, 5 (1): 14 - 37.

45. OLAF H. The Delphi method. Analysis of the future, 1967 (5): 35 - 58.

46. OSTROFF C, KOZLOWSKI S W J Organizational socialization as a learning process: the role of information acquisition. Personnel psychology, 1992, 45 (4): 849 - 874.

47. PARKER L D. Back to the future: the broadening accounting trajectory. British accounting review, 2001, 33: 421 - 453.

48. RAGINS B R, MCFARLIN D B. Perceptions of mentor roles in cross - gender mentoring relationships. Journal of vocational behavior, 1990, 37: 321 - 339.

49. RAGINS B R, SCANDURA T A. Burden or blessing? expected costs and benefits of being a mentor. Journal of organizational behavior,

1999, 20 (3): 493 -509.

50. RAGINS B R, SCANDURA T A. The way we were: gender and the termination of mentoring relationships. Journal of applied psychology, 1997, 82 (6): 945 -953.

51. REICH M H. Executive views from both sides of mentoring. Personnel, 1985, 62 (3): 42 -46.

52. ROBIN R R. Exposing accounting students to multiple factors affect in get decision making. Accounting education, 2004 (4): 25 -32.

53. RUSSELL J E A, ADAMS D M. The changing nature of mentoring. Journal of vocational behavior, 1997, 51 (1): 1 -14.

54. SCANDURA T A. Mentor ship and career mobility: an empirical investigation. Journal of organizational behavior, 1992, 13 (1): 169 -174.

55. SHIN Y H, KUO L H, WEN J Y. An empirical study of the effectiveness of multimedia disclosure of informed consent: a technology mediated learning perspective original research article. Information & management, 2011, 48 (4 -5): 135 -144.

56. SIMONIN B L . Ambiguity and the process of knowledge transfer in strategic alliances. Strategic management journal, 1999, 20: 595 -623.

57. SIMONIN B L . Transfer of marketing know - how in international strategic alliances: an empirical investigation of the role and antecedents of knowledge ambiguity. Journal of international business studies, 1999, 30 (3): 463 -490.

58. SZULANSKI G. Exploring internal stickiness: impediments to the transferofbestpracticewithinthefirm. Strategicmanagement journal, 1996, 17 (Summer special issue): 27 -43.

59. TEECE D. Time-cost trade offs - elasticity estimates and determinants for international technology transfer projects. Management science, 1977, 23 (8): 8 -30.

60. THOMSON J S. Establishing effective mentoring relationships for individual and organizational success. Journal of international business

Studies, 1998, 20 (3): 200 - 211.

61. WYHE G V. A history of U. S. higher education in accounting, part Ⅱ: reforming accounting with in academy. Issues in accounting education, 2007 (3): 481 - 502.

62. ZEY M G. Mentor programs making the right moves. Personnel journal, 1985, 64: 53 - 57.